U0868655

大学生礼仪形象百问

包 松 卓亨逵◎主 编
闫小龙 蒋闰婧◎副主编

POLISHED PRESENCE:

A GUIDE TO COLLEGE ETIQUETTE AND PERSONAL IMAGE

ZHEJIANG UNIVERSITY PRESS
浙江大学出版社
·杭州·

图书在版编目（CIP）数据

大学生礼仪形象百问 / 包松，卓亨逵主编. —杭州：浙江大学出版社，2024.5(2025.11 重印)
ISBN 978-7-308-24884-6

Ⅰ.①大… Ⅱ.①包… ②卓… Ⅲ.①大学生—礼仪—问题解答 Ⅳ.①G645.5-44

中国国家版本馆 CIP 数据核字(2024)第 084299 号

大学生礼仪形象百问

包　松　卓亨逵　主　编
闫小龙　蒋闰婧　副主编

责任编辑　李海燕
责任校对　董雯兰
责任印制　范洪法
封面设计　雷建军
出版发行　浙江大学出版社
（杭州市天目山路 148 号　邮政编码 310007）
（网址：http://www.zjupress.com）
排　　版　杭州青翊图文设计有限公司
印　　刷　杭州宏雅印刷有限公司
开　　本　710mm×1000mm　1/16
印　　张　11
字　　数　180 千
版 印 次　2024 年 5 月第 1 版　2025 年 11 月第 2 次印刷
书　　号　ISBN 978-7-308-24884-6
定　　价　49.00 元

序　言

我研究生时期的导师冯契先生当年说过：就我国的高等学校而言，在培养德、智、体、美全面发展的过程中，美育无疑是最容易被虚化的。也许正是缘于导师的这一认知立场，作为冯门弟子的我于1988年起在浙大开设了“人生美学”的选修课。当时一个很朴实的想法就是试图为高校的美育事业做点实事，尽点绵薄之力。多少有点令我始料未及的是，两轮课开下来，不仅在求是学子中引起了不错的反响，而且讲稿还被正在浙大进修的浙江人民出版社的编辑相中，得以公开出版了自己教研生涯里的第一本书——《人生的美学意境》。

时光荏苒，转眼间“人生美学”课已走过30多个春夏秋冬的岁月轮回。伴随着这门课带给我的美好时光，我也从青涩的小助教变成了白发盈首的老教师。令我欣慰的是，如今这门课依然是求是校园里颇为热门、不太容易选得上的通识课。

在30多年的课堂教学中，固然有很多收获，也获得过诸如“省级精品课程”之类的荣誉，但有一个遗憾却始终萦绕在我的内心。这个遗憾就是，我一直找不到一个切实可行的通道，可以让课程的理念进入学生们的现实生活。众所周知，黑格尔有句名言：“美是理念的感性显现。”意思是说，美需要一种感性的表达方式。就我的课程而言，人生的美学意境不能只流于“形而上”的理念层面，还应该有一种“形而下”的，即可感性直观的实现方式。借助于这种表达方式，“人生美学”课程里那些抽象的审美理念可以变成具体的、可直接感知的美感存在。

正是在这一遗憾与困顿的心境中，我读到了昔日的同事，也是我“人生美学”课程曾经的搭档包松主编的这本《大学生礼仪形象百问》，我的欣喜之情可谓难以言状。我意识到，这就是我冥思苦想的“人生美学”课程理念的感性表达方式。有了这个具体的、感性的、可操作的表达方式，人生美学就不再只是一些理念的堆砌和推演，而是可以外化为一种可真切感受到的美感存在。

事实上，在我理解看来，礼仪的意义也正在于此。也就是说，借助于礼仪，我们可以把内心的美外化为可感知的美感。比如孔子推崇“仁者爱人”(《论语·颜渊》)的美德，这是内在的品德。但这一内在的美德正是通过外在的礼仪来传递和表达的。据《论语》记载，孔子和乡亲们一道喝酒，喝完之后，一定要等老年人先起身离席，然后自己才离去。这就是尊老的礼仪。孔子与学生论及何为孝时，教导弟子，见到父母在干活，要赶紧去帮忙；见到好吃的东西，得让父母先享用；哪怕自己不开心，在父母面前也要表现得若无其事以免父母担心。这就是孝道的礼仪。事实上，如果没有了这些尊老孝亲的礼仪，仁者爱人的美德也就无从体现了。正是由此，孔子断言：“不学礼，无以立。”(《论语·季氏》)我们知道，孔子之所以特别推崇周公制定的《周礼》，就是因为《周礼》中林林总总的礼仪规范正是其仁道思想的外在显现。在那个礼崩乐坏的年代，孔子竭尽全力希望恢复《周礼》，其缘由也正在于此。

中华民族历来有“礼仪之邦”之誉。但有些遗憾的是，在经历了漫长的物资匮乏和儒教禁锢的年代之后，当下的我们太认同灯红酒绿、豪车大宅的物欲主义人生观，太沉湎于自我中心主义的自得其乐，太注重于功利主义的自我陶醉。这直接导致了我们对美的心性(比如美德)和美的形式(比如礼仪)视而不见、听而不闻，更遑论自觉追求了。这显然是本末倒置的人生观。

可以肯定地说，一个不愿虔诚地信仰美、追求美的民族，很难说已经真正觉醒。中国现代教育的启蒙思想家蔡元培先生曾提出过一个主张：“以美育代替宗教。”(《新青年》第三卷第 6 号)因为他坚信，对美的信仰会使一个沉沦的民族真正振奋起来。在置身谋求中华民族伟大复兴的现时代，新时代、新征程、新使命必然呼唤新人格。我们的高等教育要积极回应这一时代的必然性，努力培养和塑造一大批具备德、智、体、美、劳全面发展之新人格的新青年。只有这样，作为教育工作者的我们才无愧于这个伟大的时代。

千里之行始于足下，让我们对审美人格的追求从礼仪开始吧。

是为序。

张应杭

目　录

一、妆容是一种修饰——仪容上的礼仪 …… 1

1.中国女性什么时候开始学“化妆”？ …… 2

2.“有效妆容”的第一步到底是什么？ …… 2

3.针对不同肤质，日常护肤的注意事项有哪些？ …… 3

4.妆容中最重要的“三庭五眼”是什么？ …… 4

5.到底如何选择最适合自己的妆容风格？ …… 4

6.贪睡也可以美美出门，如何用五分钟左右的时间画一个淡妆？ …… 7

7.眉毛应该怎么画？画成什么样的形状才适合自己？ …… 8

8.化妆了就一定要卸妆，正确的卸妆步骤是什么？ …… 9

9.如何挑选出最适合自己的发型？ …… 10

10.还没毕业已经脱发了，怎么办？ …… 11

11.如何拥有健康的指甲？ …… 11

12.牙齿护理，你做对了吗？ …… 12

13.男生仪容中的4个误区，你中了几招？ …… 12

二、场合是一种规范——着装中的礼仪 …… 14

1.在大学校园里，我们的穿着有什么讲究？ …… 15

2.出席不同的活动，我们该如何选择合适的服饰呢，有什么原则可以遵循？ …… 16

3.不同场合对服装的要求有哪些？ …… 17

4.去参加面试时该如何穿着打扮？ …… 19

5.男士在社交场合的衣着打扮有哪些技巧？ …… 19

6. 男士西装有哪些基本的着装要求？ …… 20
7. 怎么才能挑选出一套合适自己的西服？ …… 23
8. 如何选择一套适合自己的西装衬衫？ …… 27
9. 如何通过领带表达好男人的个性宣言？ …… 27
10. 如何选择男士腰间的饰品——皮带？ …… 30
11. 如何选择一双得体的男士西装鞋？ …… 31
12. 对于初入职场的女生着装搭配，有什么建议？ …… 32
13. 选择女性职场套装的时候有什么需要注意的？ …… 35
14. 我们该如何选佩饰品？ …… 36
15. 如何选择一副适合自己的眼镜？ …… 37
16. 如何穿好学位服？ …… 38

三、搭配是一种品位——仪表里的礼仪 …… 39

（一）色彩搭配 …… 39

1. 色彩的基本属性是指什么？ …… 39
2. 色彩明度和纯度是一种什么样的关系？在色彩搭配中起到什么作用？ …… 41
3. 服饰色彩的选择和人的肤色有什么关系呢？ …… 43
4. 色彩搭配的方法有哪些？ …… 44
5. 皮肤偏黄偏黑该穿什么颜色？ …… 45
6. 活力热情的红色该如何搭配？ …… 50
7. 明快醒目的橙色该如何搭配？ …… 52
8. 希望活力的黄色该怎么搭配？ …… 53
9. 生机盎然的绿色该如何搭配？ …… 55
10. 安宁忧郁的蓝色该如何搭配？ …… 56
11. 高贵神秘的紫色该如何搭配？ …… 57
12. 纯净极简的白色该如何搭配？ …… 59
13. “一身黑”真的显瘦吗？ …… 59
14. 如何让没有个性的灰色穿出优雅的气质？ …… 60
15. 如何巧用特殊色彩金色或银色？ …… 60
16. “少女心”的粉色该怎么搭配？ …… 60

(二)体型搭配 …… 61
1.人的体型可分为哪几种？不同体型如何穿衣？ …… 61
2.高矮胖瘦者,如何通过着装进行修饰？ …… 62
3.女生如何穿衣显高显瘦？ …… 62
4.男生如何穿衣更显高？ …… 63
5.肩宽的女生如何穿出女人味？ …… 63
6.窄肩或溜肩女生如何穿出气场？ …… 63
7.胸大的女生如何穿出优雅？ …… 64
8.胸小的女生如何穿出曲线感？ …… 64
9.臀大的女生如何穿出轻盈感？ …… 64
10.如何穿衣显腿长？ …… 65

四、举止是一种魅力——仪态中的礼仪 …… 66
1.如何展现良好的站姿？ …… 67
2.如何展现端庄的坐姿？ …… 68
3.如何展现稳重的走姿？ …… 71
4.如何展现含蓄的蹲姿？ …… 73
5.如何用手势巧妙传达你的心意？ …… 74
6.常见的手势礼仪介绍 …… 75
7.如何展现优雅的鞠躬？ …… 77
8.如何展现迷人的微笑？ …… 78
9.如何做到眉目传情？ …… 80
10.日常生活中如何用仪态传递你的尊重？ …… 81

五、语言是一种艺术——沟通中的礼仪 …… 83
(一)口头语言 …… 84
1.作为大学生社交的基础,交谈的基本原则是什么？ …… 84
2.和他人交谈时,如何选择合适的交谈内容？ …… 85
3.与人交谈时,如何称呼别人比较恰当？ …… 86
4.大学生在校园内外有哪些特别应当注意的称呼礼仪？ …… 86
5.与人交谈时,如何才能自然而巧妙地接近对方？ …… 87

6. 与人交谈时，如何运用赞美的技巧来增加彼此的亲近感？ …………… 88
7. 和他人交谈时，采用哪些方法能够比较有效地说服对方？ …………… 89
8. 在拒绝他人时，要注意哪些原则和方法？ …………………… 89
9. 与人交谈时，你知道“用心倾听”的重要性吗？ ………………… 90
10. 与人交谈时，礼让对方时要避免哪些情形发生？ ……………… 90
11. 如何与父母等长辈进行沟通？ ………………………………… 91
12. 如何在通电话的过程当中塑造良好的形象？ ………………… 91
（二）书面语言 …………………………………………………… 92
1. “联络函”应如何把握？ ……………………………………… 93
2. “通知函”应如何写作？ ……………………………………… 94
3. “确认函”应如何写作？ ……………………………………… 95
4. “感谢函”应如何写作？ ……………………………………… 96
5. “推荐函”应如何写作？ ……………………………………… 97
6. “书信”应如何写作？ ………………………………………… 98
7. 发送电子邮件时尤其应当注意哪些细节？ …………………… 99
（三）身体语言 …………………………………………………… 100
1. 哪些身体语言细节可能会体现出你的沟通态度？ …………… 100
2. 沟通中哪些身体行为有助于展现良好的自身形象？ ………… 101
3. 沟通中如何才能做到表情自然和举止得体？ ………………… 101
4. 沟通中有哪些手势语言要慎用？ ……………………………… 101
5. 社交场合的身体语言禁忌有哪些？ …………………………… 102

六、饮食是一门学问——餐桌上的礼仪 …………………………… 103
（一）中餐礼仪篇 ………………………………………………… 104
1. 你知道中国饮食文化及宴饮的起源与特点吗？ ……………… 104
2. 中式餐饮中常见的聚会宴请方式有哪些？ …………………… 105
3. 中式餐饮邀请、赴宴、迎接、入席都有哪些礼仪注意事项？ …… 106
4. 中式餐饮宴请中点菜的奥秘知多少？ ………………………… 107
5. 中式餐饮宴请中上菜与就餐顺序都有哪些讲究？ …………… 109
6. 中式餐饮座次的礼仪文化有哪些？ …………………………… 110
7. 中式餐饮餐具你真的完全会使用吗？ ………………………… 111

8. 中式餐饮中使用转盘式餐桌要注意哪些礼仪细节？ …………… 112
9. 中式餐饮中的敬酒礼仪知多少？ ………………………… 113
10. 中式餐饮中的劝酒礼仪都有哪些？ ……………………… 114
11. 中式餐饮中常见的失礼行为都有哪些？ ………………… 115
12. 中式餐饮中的饮食禁忌行为有哪些？ …………………… 116
13. 中式餐饮的餐后礼仪知多少？ …………………………… 117
（二）西餐礼仪篇 ………………………………………………… 118
1. 西餐的座次安排跟中餐座次有什么区别？ ……………… 118
2. 一套完整的西餐菜品有哪些？它们的顺序又是怎么样的？ ……… 118
3. 一般情况下，一套完整的西餐餐具都包括哪些？它们的用法和禁忌又是什么？ ………………………………………………… 119
4. 西餐中点酒有什么需要注意的？ ………………………… 122
5. 西餐中饮品器皿（酒杯）文化知多少 ……………………… 123
6. 西餐中喝咖啡要注意什么？ ……………………………… 124
7. 吃自助餐的时候，我们需要注意什么？ ………………… 124
8. 西餐礼仪中还需要注意什么？ …………………………… 125
9. 你知道西餐的六 M 是什么吗？ ………………………… 126

七、礼品是一片心意——馈赠时的礼仪 ……………………… 128
1. 为什么要赠送礼品，赠送礼品应怀有何种心态？ ………… 129
2. 如何选择合适的礼品？ …………………………………… 130
3. 如何送出特色与新意？ …………………………………… 135
4. 常见的赠送方式及注意要点有哪些？ …………………… 138
5. 赠送他人礼品时，有哪些禁忌？ ………………………… 139
6. 赠送礼品时是否需要包装？ ……………………………… 140
7. 如何使用贺卡？ …………………………………………… 141
8. 你了解花语吗？什么时候适宜送什么花？ ……………… 142
9. 出国交流时适宜赠送什么？ ……………………………… 144
10. 如何得体地接受他人的礼品？ …………………………… 145
11. 如何礼貌地拒绝他人的礼品？ …………………………… 146
12. 接受他人礼品后，如何选择回礼？ ……………………… 146

八、社交是一种讲究——交往中的礼仪 …… 149
1. 拜访老师时，进出门有哪些礼仪规范需要注意？ …… 150
2. 与老师合影时，站在哪边可以体现出对老师的尊重？ …… 151
3. 与老师同行时，走在什么方位，可以体现出对老师的尊重？ …… 151
4. 与老师一起乘坐出租车时，坐哪个座位比较好？ …… 152
5. 当你搭乘老师的顺风车时，坐哪个座位比较好？ …… 153
6. 与老师一起上下楼梯时，走在什么方位可以体现出对老师的尊重？ …… 154
7. 与老师一起乘坐厢式电梯时，为体现对老师的尊重，应该先进电梯还是后进电梯？ …… 154
8. 社会交往中，人与人之间保持怎样的距离更加自然得体？ …… 155
9. 与人初次见面时，如何自我介绍才是得体大方的？ …… 156
10. 如果你要介绍两个陌生朋友相互认识，先介绍谁比较合适？ …… 157
11. 与人初次见面时的握手，需要注意哪些事项？ …… 158
12. 当你在教室自习或图书馆读书时，需要注意哪些事项？ …… 159
13. 当你作为观众参加集体活动时，需要注意哪些事项？ …… 161
14. 当你去医院探望生病同学时，需要注意哪些事项？ …… 161
15. 当你想邀请同学好友一同聚餐时，需要注意哪些事项？ …… 162
16. 同学生日聚会，你应邀参加时，需要注意哪些事项？ …… 162
17. 初次加入社团组织时，需要注意哪些事项？ …… 163
18. 邀请朋友来自己宿舍，需要注意哪些事项？ …… 164
19. 老师来自己宿舍时，需要注意哪些事项？ …… 164
20. 新生入学后，与室友相处，需要注意哪些事项？ …… 164
21. 在教室上课时，需要注意哪些事项？ …… 165
22. 在学校食堂用餐时，需要注意哪些事项？ …… 166

后记 …… 167

一、妆容是一种修饰

——仪容上的礼仪

也许你的脸蛋不漂亮，但一定要干净，富有精神与灵气；也许你的身材不优美，但一定要端庄，彰显气质与优雅；也许你的衣服不华丽，但一定要洁净，裙钗之下才德不让人。保持干净、整洁、端庄的仪容，方能体现出新时代大学生在仪容礼仪上的自我修养。

仪容是指一个人的外表或容貌，也是一个人内在品质的外部反映。它是一个人内在修养的窗口，由发型、面容以及人体所有未被服饰遮掩的肌肤所构成。[①] 人的品性渗透于人的全部身心，德性充实于内，光辉必发于外，不仅发于行为举止、语言文字，也会发于神态姿色、容颜眼睛等。《国语·晋语五》曰："夫貌，情之华也"，以容貌为内在情怀的表现形式。朱熹说："容貌辞气，乃德之符也。"王夫之说："存文者正以其有君子之心，而生君子之仪。"

妆容是仪容礼仪的重点，是指依照个人条件，运用一定的化妆知识、经验和技巧对人体的脸部或其他部位进行描画，扬其长、避其短，对仪容进行必要的修饰，从而增强面部立体感，调整面部的色、形、质，达到掩饰缺陷或者突出优点、增加视觉美感、表现个人魅力的作用。根据其作用与功能进行划分，可以将妆容分为生活妆和艺术妆：生活妆主要是为了掩饰缺陷或突出优点，表现个人的独有魅力；而艺术妆则主要是为了表现一种思想或情感，其化妆手法也更为夸张新颖。[②]

---

① 王华.金融职业服务礼仪[M].北京：中国金融出版社，2009：96.

② 谭静怡，广丰.浅谈化妆的类型与功能[J].中国化妆品：行业，2009(10)：84-89.

1. 中国女性什么时候开始学“化妆”?

中国女性的化妆历史可以追溯到夏商时期(前2070—前1046),当时的主流文化是以“白”为美,女性普遍追求长眉、红唇。战国时期(前475—前221)出土的楚俑便已有敷粉、画眉及胭脂的使用,“脂泽粉黛”一词最早见诸《韩非子·显学篇》。到了魏晋南北朝时期(220—589),女性的妆容衍生出了丰富多样的类型,如“桃花妆”“酒晕妆”“飞霞妆”等,并以紫色作为雍容华贵的象征。隋唐五代时期(581—960),化妆初步形成了独立的体系,并具备了一定的规模。明清时期(1368—1911),随着经济的繁荣,大量的化妆用品和药剂开始出现。[①] 民国时期(1912—1949),中国女性开始受到西方国家的影响,妆容越发精致。改革开放后,各国的妆容时尚开始传入中国,并随着教育和经济水平的提升,中国女性逐渐跳出了传统形象的桎梏,开始追求立体、大气的妆容风格。到了21世纪,随着东西方文化的盛行,国内的代表妆容大多是对流行妆容的“模仿”,如日韩妆、欧美妆。[②] 随着化妆的普及和中国女性独立意识的觉醒,中国女性的妆容已经逐渐进入了多元化的发展阶段,女性更加追求个性化,与此同时“中国妆”开始自成一派,从底妆到唇妆都呈现出了鲜明的特色与魅力。

2.“有效妆容”的第一步到底是什么?

曾经有一个很热的话题:有效妆容VS无效妆容。仔细看了一下,发现其主要是强调有效化妆的第一步是做好遮瑕。但是,如果你的皮肤本身就光滑透亮、肤色均匀、不长痘,那“有效妆容”是不是更简单了呢?所以,“有效化妆”的第一步实际上应该是“有效护肤”。有效护肤可以真正地保护皮肤,使皮肤舒适、健康,呈现出自然又均匀的肤色,摸上去光滑、柔软、有弹性,大部分时候不易受到外界环境的影响,不太容易出现如干裂、过敏、刺痛等肌肤问题。

我们一般会把肤质分为五类:干性皮肤、油性皮肤、中性皮肤、混合性皮肤(其中分混干性和混油性)以及敏感性皮肤。那么,如何了解自己的肤质呢?我

---

① 李秀莲.中国化妆史概说[M].北京:中国纺织出版社,2000:102-114.

② 靳瑜辰.妆容时尚的符号学探究——以《100 Years of Beauty in China》为例[J].今传媒,2016(8):168-169.

们推荐一个超级简单的测试方式——洗脸。取适量的清水将脸部浸湿，然后将洗面奶倒在掌心处，双手揉搓直至产生泡沫，将其涂抹在脸上，然后将脸部清洗干净，注意不要涂抹保养品。紧绷感若在40分钟后消失，则表明是干性肌肤；若在30分钟后消失，则表明是中性肌肤；若在20分钟后消失，则表明是油性肌肤。

3.针对不同肤质，日常护肤的注意事项有哪些？

面部皮肤护理是通过一系列护肤手段增进血液循环，减少皮脂分泌，刺激肌肤，恢复弹性，调节神经，消除疲劳，排除废物，并将有效的营养或药物渗入皮肤，从而改善皮肤状态的过程。不同的肤质应使用不同的护理措施。

(1)中性肤质

这类肤质的特点就是“中性”，即水、油均适中，皮肤酸碱度都在一个适中的状态，外在表现为皮肤光滑、细嫩、柔软。不过一般这种肤质大多数出现在儿童期，青春期后仍保持中性肤质的人是非常少的。

(2)干性肤质

这类肤质的特点主要是：第一，皮脂分泌较少，较干燥，洗脸后容易有紧绷感；第二，肤质细腻较薄，容易长色斑和细纹，易老化；第三，分为缺水型和缺油型两种。护肤要点就是补水、补油、补充胶原蛋白。干性肤质容易干燥起皮，所以眼部产品可以早点开始使用，22岁以上就可以加入有抗老、抗皱、紧致等功效的眼部产品。

(3)油性肤质

这类肤质的特点主要是：第一，皮脂分泌旺盛，毛孔粗大，肤色暗沉，易油光满面；第二，易冒痘长黑头，易出现痤疮，留色斑和瘢痕等；第三，皮肤不易老化和长皱纹。护肤要点是以清爽为主，做好补水，不要过分清洁。

(4)混合性肤质

这类肤质的特点主要是：第一，T区出油、毛孔粗大、脸颊呈中性或偏油性；第二，容易有黑头、白头痘痘、毛孔阻塞等问题；第三，有夏季混油、冬季混干的情况。护肤要点就是分区域、分季节使用不同的护肤品，注意调节水油平衡。

(5)敏感性肤质

这类肤质的特点主要是:第一,皮肤较薄,天生比较脆弱;第二,易脱皮,脸颊泛红或者有红血丝;第三,换季或者遇到冷热时会有皮肤发热过敏现象。护肤要点是注意温和护肤,修复、抗炎,防止各类刺激和损伤。

4.妆容中最重要的"三庭五眼"是什么?

"三庭五眼"是人的脸长与脸宽的一般标准比例,不符合此比例,就会与理想的脸型产生距离。"三庭五眼"规则目前已成为针对中国女性的通用的人脸美的衡量标准。

最简单的"三庭五眼",就是把头部上下分为三等分,把头的宽度分为五等分。"三庭"是指上庭、中庭、下庭距离相等。上庭为发际线至眉心的垂直距离,中庭为眉心至鼻端的距离,下庭为鼻端至下颌的距离。"五眼"指两眼之间及两眼外侧至发际线均为一只眼睛的间距(见图 1-1)。

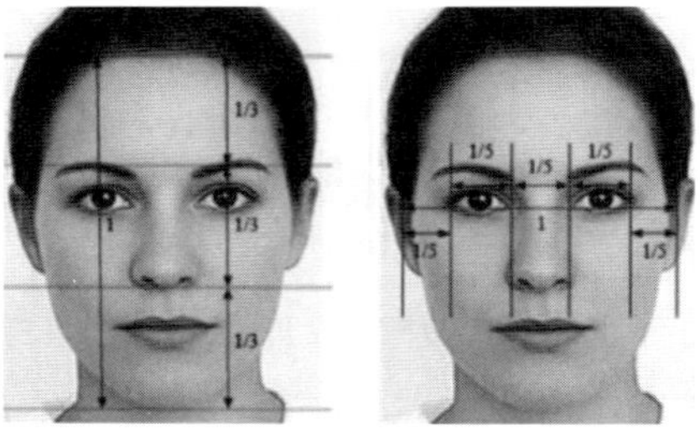

图 1-1 "三庭五眼"示意图

图片来源:黄冰冰. 中国女性妆容推荐的应用设计研究. 广州:华南理工大学,2020.

5.到底如何选择最适合自己的妆容风格?

脸部量感指的是五官面积所占人脸整体面积的比例大小。以"三庭五眼"的美学比例为中量感的标准,五官面积所占脸部面部的比例较大的为大量感,反之则为小量感。脸部轮廓包括外轮廓与内轮廓。外轮廓指的是脸部轮廓,即脸型,内轮廓则指的是五官的轮廓,即五官的形状。五官轮廓曲直的判断依据是面部轮廓所带来的视觉感受。直线型的视觉感受为硬朗、直接,而曲线型的视觉感受则为圆润、柔和,均衡型的视觉感觉则介于直线型与曲线型之间。

在人脸风格分类的相关理论中，杨勇等人基于脸部的量感和轮廓两种基础构建元素，总结出女性人脸的九种风格[①]，分别为少女、自然、少年、柔和、均衡、摩登、华美、大气、戏剧(见图 1-2)。

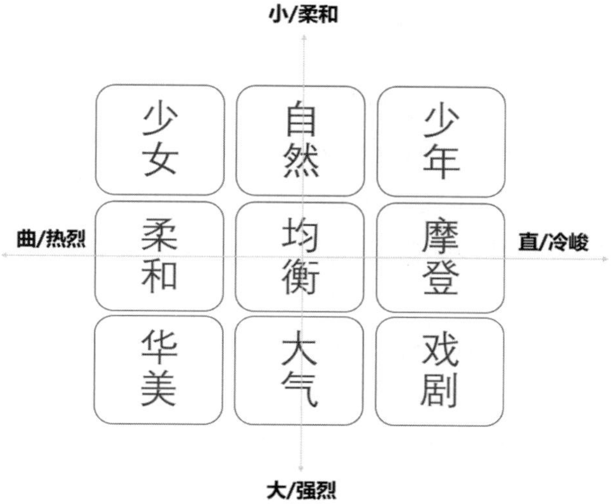

图 1-2　女性人脸的九种风格

(1)少女风格：人脸特点是曲线型、小量感。五官比例不均匀，上庭较长，中庭、下庭较短或两眼间距较大，量感较小，呈现出年轻天真的样貌。脸部线条走向圆润，整体轮廓呈曲线感。少女风格的妆容关键字是甜美、可爱，适合化淡妆，忌烟熏妆、欧美妆等浓妆或夸张的妆容。眉形应自然、整齐、柔和，避免刻意，忌眉峰过高或眉毛线条锋利。眼线应按照眼型画或自然下垂，忌过于锋利、过粗过宽的眼线或眼线过于上翘。眼影适合粉嫩系等。口红色宜明亮、粉嫩，并强调其光泽感，颜色忌过于厚重、老气。通过妆容整体色系和形态的配合协调，突出少女风格女性甜美可爱的个人魅力。

(2)自然风格：人脸特点是中线型、小量感。五官比例不均匀，中庭偏长，量感适中。脸部和五官线条走向柔和，整体轮廓呈曲线感，神态轻松、自然。自然风格的人呈现出亲切、随和、大方的气质特征，妆容关键字为自然、活泼、清新。

---

① 杨勇，谢宏中，沈琳琳. 基于五官特征分析获得匹配发型、服饰和/或配饰的方法：CN103310234A [P]. 2013-09-18.

眉毛应顺着自己自然生长的眉形来勾画，眉峰不宜锋利和高挑，且颜色不能过深过重。眼线应只画内眼线且自然晕染，不能过于犀利和清晰。眼影应保持淡色或者不画，眼影颜色不宜饱和度过高。口红色应选择珊瑚色等淡色系，略带光泽，不宜过分强调唇形。

（3）少年风格：人脸特点是直线型、小量感。五官量感较小。脸部和五官线条硬朗，整体轮廓呈直线型，神态理性。少年风格的人呈现出独特、简洁、利落的气质特征。妆容关键字为独特、利落。眉毛应体现直线感，边缘清晰，适合野生眉，忌眉毛没有弧度，眉峰过于圆润。眼线宜清晰体现，不强调鲜艳度，忌避免过挑。眼影宜颜色清淡，强调深邃感即可，忌颜色过于鲜艳。口红宜颜色纯度中等，忌饱和度过高的红色，且不宜过分强调唇形。

（4）柔和风格：人脸特点是曲线型、中量感。五官比例均衡，量感适中。脸部和五官线条等整体轮廓呈曲线型，神态怡然；柔和风格的人呈现出温柔、优雅的气质特征。妆容关键字为优雅、温和。眉毛应在眉峰处有一定弧度，且眉尾应稍圆润，不宜眉毛过粗或眉峰有棱角感。眼线应在眼尾略微上翘并加宽，虚实相接，眼线不宜过粗过宽或眼尾过于上挑。眼影应用色轻浅、清淡，忌色彩丰富、夸张或颜色过重。口红应颜色清淡，豆沙色最宜，且适合滋润有光泽的口红质地。

（5）均衡风格：人脸特点是中线型、中量感。五官量感较为适中，且脸部和五官线条走向均衡，整体轮廓曲直均匀，气质较为中性。日常生活中这类女性风格相对可以百变，建议根据自己的职业、所处的环境或者个人喜好等选择其他八种较为明确的妆容风格。

（6）摩登风格：人脸特点是直线型、中量感。五官比例均衡，量感适中。脸部和五官线条走向平直，整体轮廓呈直线型，五官很有特点，神态理性，眉形有棱角感。摩登风格的人呈现出开放、时尚、积极的气质特征。妆容关键词为个性、时尚。妆容适合重点突出眼睛或眉毛，使得脸部某个部位更为夸张，加强五官对比度。大胆用对比色或撞色。眉形应有棱角、可宽可窄，也可上扬，眉峰不应过弯或过圆润。眼线应稍锋利，可加重、上扬或夸张，但不宜过于圆润。眼影用色范围较广，可用对比色或撞色，也可用鲜艳、饱和度高的颜色。口红应用亮色、饱和度高的颜色，也可根据眼妆来搭配一些非日常色，如蓝色、黄色等。

（7）华美风格：人脸特点是曲线型、大量感。五官量感较大。脸部和五官线条和整体轮廓呈曲线感，神态较为清晰、妩媚、迷人。华美风格的人女人味十足，呈现出华丽、性感、成熟的气质特征。妆容关键字为华丽、精致、女人味。眉形可以选择高挑且稍有圆润感，不宜眉峰和眉尾过于锋利。眼线应该在眼尾处加宽和睫毛眼尾处上翘，不宜太过平直和锋利。眼妆对精致度的要求较高，多用红、紫等能彰显女性妩媚的暖色系眼影。唇部应重点强调饱满感，先用唇线笔勾勒唇形，再用饱和度高的颜色填满，突出女性妩媚的个人魅力。

(8)大气风格：人脸特点是中线型、大量感。五官比例均衡，量感适中。脸部和五官线条走向稍平直，眉眼较为清晰，神态平和而理性，因此呈现一定的距离感。大气风格的人呈现出古典、端庄、外柔内刚的气质特征。妆容关键字为东方韵味，妆容讲究对称和均匀，一切都要恰到好处。眉形应以标准眉形为主，强调清晰干净，不应过于模糊或眉峰过挑。眼线应按眼型描绘，且有一定宽度，不宜过挑或过于夸张。眼影适合大地色等自然的色系，不宜过于鲜艳。口红色则适合正红色等，颜色不宜过浊。

(9)戏剧风格：人脸特点是直线型、大量感。五官量感较大且立体感强。脸部和五官的线条硬朗且夸张，整体轮廓呈直线型，神态理性。戏剧风格的人呈现出庄严、冷峻、深沉的气质特点。妆容关键词为深沉、冷峻、威严。因面部整体感强，焦点集中，妆容适合重色彩与重量感，且用色宜深冷。眉色应稍重，形态采用直线或上扬高挑的眉形，不宜画平直眉或眉峰圆润。眼线不宜过重或下垂，适合微微上扬。眼影应用大地色等冷色调，强调深邃感。口红适合用深冷色，不宜使用太清淡的颜色，且应用唇线笔勾勒唇形，强调唇线。

6.贪睡也可以美美出门，如何用五分钟左右的时间画一个淡妆？

(1)底妆要做好，遮瑕又提色。化妆之前底妆一定要做好，“防晒”和“隔离”两步缺一不可，先“防晒”后“隔离”，防晒隔离可以让你的皮肤远离化妆品的侵蚀，让你保持美丽的同时也不伤害皮肤。底妆不限制使用BB霜或者粉底液，可使用海绵蛋按压全脸让底妆更轻薄。然后用粉饼或蜜粉按压全脸，达到定妆的效果。脸上瑕疵多的时候用粉饼，瑕疵少则用蜜粉。

(2)眼妆要自然，简单又有神。“眼睛是心灵的窗户”，眼部是面部表情最为丰富的地方，想让双眸大而清澈，散发诱人魅力，必须塑造出漂亮的眼妆。如果日常淡妆时间有限，可以根据“扬长避短”的原则，选择睫毛、眼线、眼部提亮等步骤，建议眼妆越清淡、越自然越好。

- 描眉：想要脸部清爽有型，修眉必不可少。沿着眉毛勾画眉形，将眉尾的部分描清晰。将眉毛稍微加深，让眉毛看起来自然。
- 睫毛：夹卷睫毛后，直接用睫毛膏刷睫毛。为了防止睫毛下塌，从睫毛根部的中段开始刷，这样就能减轻睫毛的重量。
- 眼线：刷好睫毛膏后，就可以沿着睫毛根部描画线条并拉长眼线。这里注意，如果使用的是内眼线，可以放在刷睫毛之前。
- 眼部提亮：眼影应适合自己的眼部特点。眼睛凹的人，建议选浅色或偏亮的颜色；眼睛凸的人，建议选深色或偏暗的颜色。①

(3)唇妆腮红很重要，是好气色的关键。无论冷暖肤色都可以通过腮红为面部增添红润光泽，并修饰脸型。选腮红时，一般冷肤色选用粉红色、玫瑰红色，暖肤色可选用桃粉色、杏色或珊瑚粉色。上唇妆之前可以先抹唇膏滋润唇部，再选择适合自己的口红颜色，日常淡妆要以淡色口红为宜，不宜过于浓艳。

7. 眉毛应该怎么画？画成什么样的形状才适合自己？

(1)确定眉形

- 标准眉：从眉头到眉峰倾斜向上，眉梢柔和下弯，眉头和眉梢基本处于同一水平线上，眉头至眉梢 2/3 处。不刻意挑高眉峰，具有婉约的气质。
- 一字眉(水平眉)：平直粗短，整条眉毛基本处于同一水平面上，给人果断明快的印象。眉形可以使长脸显得短一些，窄额显得宽一些。
- 弧形眉(柳叶眉)：从眉头到眉梢呈一条优美的弧线，使眉毛中部拱起，眉峰在眉头至眉尾的 3/5 处，整个面部显得柔润，可拉长脸型，具有古典韵味。
- 上扬眉(剑眉)：整条眉毛有挺拔上扬的倾斜度，眉峰棱角较为明显，给人以英俊、刚毅的感觉。
- 秀雅眉：眉头至眉峰倾斜向上，眉峰至眉尾呈优美的弧线，眉峰在眉头至眉尾的 3/4 处，眉梢高于眉头水平线，适合额头比较短的人。

---

① 吴印林，马义国. 大学生职业发展教程[M]. 成都：电子科技大学出版社，2013：101-120.

(2)修眉

可以用镊子、修眉刀等工具定期清除杂毛,修眉的频率按照个人毛发的生长速度来选择。眉形种类多,建议根据脸型来选择适合自己的眉形。

鹅蛋脸:柔和的眉形,不破坏鹅蛋脸型原本的美感。

长脸:平眉,显得脸短一点。

圆脸:眉峰挑高,显脸长。

方脸:眉峰拉高,显脸长。

心形脸:眉形柔和没有明显棱角,会看上去更温柔。

菱形脸:眉毛要弯,没有明确眉峰,不让注意力落在宽颧骨上。

(3)画眉

眉毛由眉峰、眉头、眉尾三部分构成,确定各部分位置即可确定眉形。一是眉头。一般与内眼角在同一直线上,如果眉毛本身超过了这条线,则需要修剪剃除,因为两眼眉头距离过近,会产生眉头紧蹙、不够明朗的感觉。二是眉峰。眉峰一般位于从鼻翼到眼球外边缘连线延长线上。三是眉尾。其位置则在从鼻翼到外眼角连线的延长线上,一般不能低于眉头,否则会显得无精打采。上妆时将眉粉刷在眉头处,并向眉峰方向晕染开,再用眉笔轻轻勾勒出清晰的眉尾线条,反复描绘完成。

8. 化妆了就一定要卸妆,正确的卸妆步骤是什么?

(1)洗面奶可以代替卸妆吗?

洗面奶一般只能清除掉水溶性的污垢,对于油性的彩妆可能效果不大。如果出门时候涂了防晒霜、隔离霜就一定要用卸妆产品,嫌麻烦的话推荐使用卸妆、清洁二合一的洗面奶。但是如果有彩妆的话,一定要使用专门的卸妆产品。

(2)卸妆的主要步骤是什么?

卸妆步骤大致分为以下三步:一是局部卸妆。即对眼唇重点彩妆部位进行卸妆,用化妆棉蘸取适量卸妆产品,在眼部按压 10 秒后轻轻擦除化妆品。二是面部整体卸妆。用化妆棉蘸取适量卸妆产品,按照从下而上、由内而外的顺序擦拭全脸。三是后续清洁。将洗面奶挤在手上打揉出泡沫后,清洁全脸,再用毛巾或一次性柔面巾擦干后抹润肤品即可。

9. 如何挑选出最适合自己的发型？

选到适合自己的发型往往会起到让人眼前一亮的效果，好的发型有着外修头型、内修脸型的特殊作用。发型应当与自身的体型、身高、气质、职业背景和场合相匹配。日常生活状态中的发型应以简洁大方为佳。曾有礼仪专家指出，当人们与一位商务人员碰面时，最产生吸引力的主要是发型、化妆和饰品等。[①]

(1)男士

男士发型要体现简洁大方的原则，概括来说就是“前不覆额，侧不掩耳，后不及领”，具体要求是前发不覆盖额头，侧发不遮盖耳朵，后发不触及衣领，鬓角不要长于耳朵的中部。

(2)女士

女性应根据年龄、职业、个人风格、场合的不同，选择得当的发型。发型跟风格统一协调会更好。正式职业场合的女性发型要求露出眉毛，束发或盘发，减少随意松散的感觉，以打造干练职业的形象。

选择的具体标准有：

1)发型要与年龄相符。年长者要求端庄、稳重，年轻者则要求整洁健康、美丽大方。

2)发型要与气质相符。开朗活泼的人应选新颖俏丽的发型，轮廓不要太刻板、生硬；内向性格的人应选择秀丽、淡雅、柔美的发型。

3)发型要与脸型协调。椭圆形脸可以选择任何发型，圆脸应将顶部头发梳高，使脸部增加高度；长脸应适当遮住前额，并设法使双颊显得宽；方脸应设法掩饰棱角，使脸显得圆润；额头窄的脸型，应增加额头两侧头发的厚度。

4)发型要与服饰协调。为体现服饰的整体美，发型可以根据服饰的变化而改变。如穿着礼服或制服时，可选择盘发或短发，以显得端庄、秀丽、文雅；穿着休闲服装时，则可选择更多适合自己脸型及体型的时髦发型。

5)发型要与职业相符。时尚白领的发型要求干练、知性、简洁；着工作帽职业者的发型要简洁、美观，以中短发为宜；披肩长发能显示女性的秀美，但在工作中往往不太合适，这类女士在工作中应注意把头发束起来，以避免影响工作。

---

① 吴印林，马义国. 大学生职业发展教程[M]. 成都：电子科技大学出版社，2013：48-60.

10. 还没毕业已经脱发了，怎么办？

首先，我们要了解脱发的原因是什么。大概可分为以下四种：第一，作息不规律。现在大学生普遍都睡得晚，饮食作息也不太规律，这会让头皮处于“亚健康”状态。当头皮出现问题，头发就会变得更容易脱落。还有可能因为体内激素水平失调，引起溢脂性脱发。第二，情绪压力大。压力也是导致年轻人脱发的一大元凶。压力过大会导致头皮血液循环不畅，供氧不足，长此以往头皮毛囊缺乏营养和支撑力，就会脱发了。第三，日常护理不当。不当的护理方法对头发来说也是“致命伤”。不正确的洗发过程，加上吹拉染烫的损伤，都会导致非自然的掉发断发。第四，遗传因素也是导致脱发的重要原因之一。有遗传性脱发的人，毛囊会提前退化萎缩，导致20岁左右就开始脱发，且不分男女。还有天生发质细软的人群，在受到外界刺激时会更容易掉发脱发。

那么，如果已经开始脱发，应该怎么办呢？尽量争取做到早睡早起并加强运动，在提高免疫力的同时对于缓解脱发也有一定的好处。此外，可以多食用一些富含蛋白质、铁、维生素E、碘的食物或者是一些补肾类、补血类的食物，如牛肉、鸡肉、菠菜、香蕉、黑豆、虾、蛋类、胡萝卜、带鱼、莴苣、卷心菜、黑芝麻、海带和紫菜等。杂粮也是防脱生发的一类好食物，它的特点是能调节人体的消化功能，补充一些膳食纤维。

11. 如何拥有健康的指甲？

指甲是身体健康与否的一面镜子，检查指甲的情况，就能知道全身的情况。指甲在日常生活和劳动中，对手指末端有保护的作用。[①] 因此，指甲不宜剪得过短，尤其是千万不能用嗑指甲的办法咬短指甲。当然，指甲也不宜留得太长。长指甲很容易在甲沟内积聚许多脏物和细菌，这样不但有碍观瞻，更重要的是容易传染疾病。职业状态下，指甲的长度以手指指尖处为宜；注意对指甲周围的死皮要进行定期的修理。另外，不建议涂颜色艳丽的指甲油以及做较为夸张的美甲，避免直接接触腐蚀性制剂（如强酸强碱溶液）、有机溶剂、油漆、石油等。如因工作需要而非接触不可时，应戴手套或尽量使用工具操作，结束后尽快洗

① 朱爱娥.孕妇产后美丽手册[M].长春：吉林科学技术出版社，2003：32-40.

去指甲上的接触物，需要时可涂上指甲防护油。

12. 牙齿护理，你做对了吗？

第一，坚持每天刷牙。刷牙的最好时间是进食后的半小时内。如果有可能，尽量在三餐后立即刷牙。这样，不仅可以使口气清新，还可以防止食物残渣为牙齿表面的细菌提供营养。每次刷牙时间应控制在3分钟左右，以上下刷牙的方式保护牙龈，推荐使用电动牙刷。很多人采用的大力横刷法，会对牙根部造成过度磨损并刺激牙龈，是不可取的。

第二，刷牙后配合使用牙线与舌苔刷。牙缝间的食物残渣会导致有害物质在牙缝深层积存和腐败，但通过刷牙很难清除。口气的产生与此关系明显。因此，刷牙后使用牙线或水牙线可以彻底清洁牙齿。对于舌苔的卫生也要特别注意。舌苔要使用特殊的舌苔刷来清洁，不能过度刷洗。经常用力刮舌苔，会损伤舌乳头，刺激味蕾，造成舌背部麻木、味觉减退、食欲下降。

第三，定期检查口腔与洁牙。口腔医生建议每半年或一年洁牙一次，在洗牙的同时做全面的口腔检查，这样可以将口腔问题消灭在萌芽状态。[①] 检查后如果发现缺牙、蛀牙等问题要及时就医。目前的牙齿美容也已经达到相当的水平，吸烟、喝茶、喝咖啡等产生的着色性污垢都可以通过牙齿美容去掉。

13. 男生仪容中的4个误区，你中了几招？

男生通常不习惯烦琐的护理，讨厌在脸上厚厚地涂东西。然而，标志着年轻与幼稚的“青春痘”开始冒了出来，环境的污染及紫外线的照射造成的皮肤粗糙问题开始出现，加上饮食、作息的不规律……可能，在你还没来得及展现自己成熟稳重的男性魅力之时，就已经变得面色灰暗、皮肤粗糙。所以，男生可以不化妆，但不能不保养。四个关于男生仪容中的误区，你会中招吗？

(1)使用皂类清洁？错！

男性皮肤相对粗糙、毛孔大，同时分泌的汗液和油脂较多，因此许多男士喜欢选用皂类洁面产品作为清洁剂。但实际上，洁面之后虽然感觉面部清爽，但是清洁力过强会对皮肤产生过度刺激，导致皮肤的自身免疫屏障能力变弱，继

---

① 黄芙蓉.口腔门诊护理的要求与步骤[J].中国医药指南，2012，10(25)：82-85.

而引起更多的皮肤问题。因此，建议使用温和的洁面产品，最好选用含有氨基酸的，既能清洁肌肤，也能为皮肤保湿。

(2)不用防晒霜？错！

男生虽然看上去比女生强悍，但皮肤却和女生的一样容易受到伤害。很多男生出门时不仅不抹防晒霜、隔离霜，甚至连乳液都省去。而实际上，缺少保护罩的皮肤易使灰尘、污垢聚集，堵塞毛孔。防晒其实是非常重要的护肤步骤。做好防晒工作，你会少去许多皮肤困扰。

(3)与室友共用剃须刀？错！

大家在使用剃须刀的时候，偶尔会发生“流血事件”，剃须刀口上会带些血液或体液残留。很多疾病都是通过血液或者体液传播，因此共用剃须刀可能会存在被感染等隐形的危险。

(4)洗发水洗完越滑越好？错！

如果你刚洗完头还没用护发素，头发就已经很滑了，那么多半是“假滑”。“假滑”是因为某些洗发水里面加了硅油。硅不溶于水的特性造成硅无法彻底洗净，长此以往会使得头发厚重并丧失弹性，头皮毛孔被堵塞，影响头皮健康。推荐使用无硅洗发水，其特点是洗的时候涩，但洗完干爽，头发也很蓬松、根根分明，完全没有黏腻的感觉，最重要的是有光泽。

二、场合是一种规范

——着装中的礼仪

仪表就是人的外表形象，主要包括容貌、姿态、风度等。自古以来，在人们眼中，美的形象由人体和服饰共同构成。《弟子规》要求："冠必正，纽必结，袜与履，俱紧切。"这些规范，对现代人来说仍是必要的。帽正纽结，鞋袜紧切，是仪表的基本要求。如果一个人衣冠不整、鞋袜不正，往往会使人产生反感，不愿亲近。虽说时代不同了，但古人对仪表的重视及要求，是值得今人借鉴的。

就衣着打扮而言，古人讲究冠正仪整，容颜庄肃。东汉王充曾就人的道德修养水平与人的服饰仪容的关系提出"德盛文缛"的命题："德弥盛者，文弥缛，德弥彰者，人弥明"，"人以文为基"（《论杨·书解》），他认为人道德水平越高，其文采仪表、服饰装扮就越是焕然严整。《说苑·修文》更是把人的仪表作为人的内心德性的外在显露，甚至认为仅凭一个人的容貌外表就可以判断出其人才品质："君子衣服适中而容貌得体，按其服而像其德，故望五貌而行能有所定矣。"基于对衣着仪表的重视，古人便对衣冠仪容是否适中得体作了许多详细规定，穿衣要使衣服挺直，结系束捆处都应紧正无偏，上至发髻，下及鞋履，都应加以修整，使之与容仪相称。①

现代社会，由于人们的生活空间更加开阔，人与人的交往日益频繁，一个人以何种仪表与他人接触已逐渐成为一个比较重要的问题。不可否认，适当的修饰与装扮不仅体现一个人的身份与气质，展示一个人的个性与才华，也是对他人的一种尊重。不难想象，一个蓬头垢面、衣衫不整、无精打采的人出现在一个

---

① 战佳阳：传统礼仪与现代礼仪[EB/OL].[2020-08-20]. http://www.xinfajia.net/5367.html.

较为正式的场合会给人留下什么印象；也不难想象，一个穿着邋遢、吊儿郎当的人难以赢得他人的尊重与信任。

当然，注重仪表并不等于要求过分修饰与装扮。一个人的衣着打扮，必须根据自己的职业、年龄、生理特征、相处的环境乃至交往对象的生活习俗进行得体大方的选择。一个人的气质与品德也不是依靠名牌服装的包装与高级化妆品的涂抹就可以产生的，它需要端庄柔和的仪表与善良高尚的内在品性。我国古代所要求的仪容仪表之礼也只是要求做到容貌衣冠端庄肃整，而非雍容华贵。“心怀深厚，面露平和，裙衫洁净，何必绸绫。”(《图训千字文》)可见，容貌、服饰必须是以美德为根基的。然而现实生活中，人们却都在以各种不同的方式追求着自身的完美，寻找通向完美的道路。争当“名牌”人、强调“外包装”者有之，注重“脸蛋靓”、在乎“身段好”者也有之，但这些均不足以使人产生美的质变。只有将内在美与外在美统一于一身的人才称得上唯真唯美，可冠以“完美”二字。加强个人礼仪修养是实现完美的最佳方法，它可以丰富人的内涵，增加人的“含金量”，使人面对纷繁社会时更具勇气，更有信心，进而更充分地实现自我。①

正因服装在文化传承、人际交往、形象塑造、素质提升等方面具有如此重要功能，本章将着重介绍场合着装，结合大学生社交生活的诸多具体案例，对大学生校园着装、搭配规则、正装选择等内容进行介绍，帮助读者了解中国传统文化对于仪表的要求，学习当下通行的着装规则与社交实践，从而树立文明公民的新形象，为文明社会建设添砖加瓦。

1.在大学校园里，我们的穿着有什么讲究？

随着社会经济的快速发展，服装也在迅速地进行着改革。走在校园里处处是美的享受，大学生越来越追求时髦和潮流。《弟子规》中有言：“衣贵洁，不贵华；上循分，下称家。”穿的衣服贵在整洁大方，而不在于华丽。衣服要符合自己的身份，还要和自己的经济条件相适合。大学生作为无经济来源的群体在着装时更要遵循这一规律。②

① 施隆光.实用礼仪教程[M].北京：对外经济贸易大学出版社，2010：21-50.

② 吴立平.大学生成长导航[M].镇江：江苏大学出版社，2014：131-140.

对于大学生，穿着整洁大方是最基本的要求。一般来说大学生穿着以休闲运动装为宜。休闲运动装适合大学生日常的学习生活场合，穿这样的衣服进办公室、去上课、去游玩都没问题。除特别要求穿特定服装的场合外，休闲运动装是不会引起争议的。需要注意的是，大学生穿着不应太过奇异，尤其在一些相对正式的场合。比如说男生穿着拖鞋、背心去图书馆自习，或者女生在教室里穿着过于性感暴露，都是不可取的。

此外在一些较为正式的场合，如表彰大会、颁奖晚会、重大学术会议上，我们提倡大学生穿正装，一般为西装套装。在一些特定的场所，如实验室，则应该按有关规定着装。此外不少学校还有校服，穿着校服可以代表学校对外展示当代大学生的精神风貌，在一些重要集会中也会要求穿校服。

2.出席不同的活动，我们选择合适的服饰有什么原则可以遵循？

出席不同的活动，我们总是会为该穿什么服饰的问题而烦恼，事实上，只要能把握好国际上通行的以下几个原则，基本上在各种场合都可游刃有余。这个国际通行的原则就是 TPO 原则（Time，Place，Object），即着装与时间、地点、场合内容相协调的原则。

（1）时间原则

时间原则包含三层含义：一是指一天中时间的变化；二是指一年四季的不同；三是指时代间的差异。

一般来说，日间是工作时间，着装总体上以庄重大方为原则。如果出席晚间宴请、音乐会、演出、舞会等社交活动，由于空间的相对缩小和人的心理作用，服饰会得到更多的关注和重视，因此晚间着装要讲究一些，礼仪规格也要更严格一些。一般来说，人们去歌剧院观看歌剧一类的演出时，男士宜着深色礼服，女士着装也要端庄雅致，以裙装为宜。这一规定旨在强调社交场合的文明与礼仪，同时也体现着尊重他人、营造优美环境与氛围的社会文化。[①]

另外，一年四季不同气候条件的变化对着装的心理和生理也会产生影响，着装时应该做到冬暖夏凉、春秋适宜。夏天的服饰应以简洁、凉爽、轻柔为原则，切忌拖沓和累赘，给自己与他人造成不必要的烦恼和负担。冬天的服饰则

---

① 王平辉.社交礼仪规范与技巧[M].南宁：广西人民出版社，2008：48-62.

应以保暖、轻快、简练为原则。此外服饰还应顺应时代潮流，过分落伍或者新奇都会令人侧目。

（2）地点原则

地点原则即环境原则。不同的环境需要与之相协调的服饰，以获得视觉和心理上的和谐感。如女大学生初入职场，在穿戴上不能太华丽，着肉色蕾丝上衣、丝绒高开衩长裙，会使人怀疑其工作态度，但是如果穿得太学生气又会让自己显得幼稚、脆弱，让人怀疑其肩上能否挑起重担。再比如在自己家里接待客人，可以穿着舒适但整洁的休闲服。如果是去公司或单位拜访，穿职业套装会显得专业。外出时要顾及当地的传统和风俗习惯，不能穿过露或过短的服装。

（3）场合原则

衣着要与穿着场合的气氛协调，与从事的事务相匹配。在职场上与顾客会谈、参加正式会议等，衣着应庄重考究，以正装为宜。[①] 听音乐会或看芭蕾舞，则应按惯例着正装或礼服。出席正式宴会时，则应穿礼服。在朋友聚会、郊游等场合，着装应轻便舒适。试想一下，如果大家都穿便装，你却穿礼服，就会显得格格不入。同样的，如果你以便装出席正式宴会，不但是对宴会主人的不尊重，也会令自己颇觉尴尬。另外，在校园中，姑娘们可以穿露背低胸的吊带装热裤和拖鞋，构成一个个靓丽的聚焦点，此类服装在休闲娱乐时可以穿，而出现在办公室、图书馆、教室却有伤大雅。

3. 不同场合对服装的要求有哪些？

（1）公务场合。公务场合的着装要端庄、大方，不要强调个性、时尚。男士一般着西服套装，女士着西服套裙。工作人员上班时一般不穿运动休闲装及短裤、运动服、拖鞋，女士在办公室不得穿超短裙、吊带衫、露背装、紧身裤、露脐装之类时髦性感的衣服。

大学生尚未进入职场，因此一般较少受此约束。不过在出席会议、学术交流等较为正式的活动时，女生可以选择有袖、有领的衣服以及不露脚趾和脚后跟的鞋子。男生则可以按照以下原则着装，以突显稳重、整洁、得体、大方：①纽

---

① 刘平. 商务礼仪[M]. 北京：中国财政经济出版社，2005：40-54.

扣原则，即男士着装有纽扣方显正式，即使不穿正装，也要保证着装上有纽扣。②有领原则，即上衣务必带领子，无领上衣会给人一种很随意的感觉。

(2)休闲场合。大学生日常生活中，多为休闲场合。在休闲场合的着装，以舒适自然为主，不要穿正装出席，否则会让人产生压抑之感，同时也显得不伦不类。休闲场合的着装是最随意的，一般来说在寝室休息，以舒适为基本原则，可以穿家居服和睡衣在寝室里活动，但是把睡衣穿到校园里或者课堂上是不合适的。另外即使在寝室里穿睡衣也不适宜过短、过透。健身运动应穿运动服，方便运动，在运动结束后马上清洗，避免汗液凝固在衣物上而产生异味。

(3)社交场合。随着社会进步与发展，各种社交活动也越来越受到大学生的欢迎，音乐会、晚宴等社交场合的着装规范也需要大家关注。

参加音乐会，尤其是西洋音乐会，女士要尽量穿小礼服或者不那么古板的套装裙。音乐会在国外是非常优雅的文艺活动，所以赴音乐会的着装都比较正式；国内相对国外来说重视程度没那么高，但是也一定不能穿着随便。很多音乐会礼堂都禁止穿背心和拖鞋的人进入。

参加宴请，女士要穿裙装，而且裙长要过膝。如果不了解要参加的晚会有什么着装要求，穿多点比穿得太少好。在我国，正式的社交场合的礼服之一是旗袍，旗袍也非常适合中国人的体形和气质。穿旗袍时，鞋子、饰物要配套，应当戴金、银、珍珠、宝石材质的项链、耳坠、胸花等。宜穿与旗袍颜色相同或相近的高跟或半高跟皮鞋。裘皮大衣、毛呢大衣、短小西装、开襟小毛衣和各种方形毛披肩可与旗袍配套穿着。参加舞会应该穿裙装和舞鞋，最好不要穿得太暴露，并且穿好底裤，以免在现场出现走光的现象。

参加葬礼，原则上只能穿黑色或者深灰色的西服套装，以表示对死者和死者家属的尊重，切忌穿鲜艳的衣服和款式过于新潮或者暴露的衣服。

参加婚礼，当然应该穿着喜庆和漂亮，但是一定不能穿白色的纱裙以免和新娘撞衫，而国内的婚礼往往中西合璧，因此也要避免穿红色的衣服，其他的颜色和款式漂亮的衣服都可以，但切忌喧宾夺主。

4. 去参加面试时该如何穿着打扮？

面试的第一印象是影响整个面试成败的关键元素，而第一印象的关键则是一个人的穿着打扮，因此面试时的装束绝对马虎不得。在校园里，面试类型一般有学生组织或者社团的纳新面试以及社会单位实习工作岗位的招聘面试。

在学生组织或者社团的纳新面试中，可以根据面试要求进行着装。如果没有写明特别的要求则可以根据学生组织或社团的性质、面试部门的性质选择服装。比如说面试学生会、团学联等较为严肃的学生组织，可以选择正装出席面试。如果是兴趣类社团，则可以遵循稍微正式的场合的着装原则，或者根据社团岗位的属性选择合适的服装，如面试动漫社 COS 部可选择心仪的动漫角色着装，面试时尚编辑、街拍摄影师等岗位可以选择比较有设计感的服装。

参加社会单位实习工作岗位的招聘面试时的着装应该根据单位性质、岗位职能等因素综合考虑而定，总的来说此类面试隆重感较其他面试要高一些。

一般来说，政府、高校、律师、金融、保险等行业要求严谨、专业，因此服装应该力求正式。幼儿教育、文艺传播、服务等行业的单位，亲和力的表现相对重要，在正式度上选择适中即可。此外最好能多方调研面试单位现有职员的形象，以此了解单位氛围、企业文化，从而塑造恰当的面试形象。

5. 男士在社交场合的衣着打扮有哪些技巧？

(1)干净整洁为上。现今的男士已经懂得不能穿得寒酸、滑稽，但整洁仍然会被忽略。生活中常可见到某些男士上半身穿崭新西装，下半身却穿着已经没有裤线的西裤和布满灰尘的皮鞋。没有笔挺裤线的西裤跟衣领肮脏的衬衫一样都会让形象失色。不加修饰的胡须、一头乱发、层层叠叠的内衣领，过于长大的裤子或各种显脏的颜色，这一切均会给人不整洁的印象。

(2)拒绝单调乏味。时装界提供给男性的服装款式本来就比女性少得多，如果自己再不精心挑选多种服饰，只在几种颜色式样中取舍，难免会陷于单调。一个平时衣着极为朴素的人刚开始尝试多种风格的衣装，除了勇气还要有技巧。[①] 建议首先从模仿开始，你可以留意一些大众男明星的衣饰打扮，他们的衣

---

① 潘福晶. 服饰新概念[M]. 北京：中国林业出版社，2002：38-40.

饰一般均由形象设计师设计过，品位自然不俗。找到一个与自己气质相符的对象，多多观察他的衣饰搭配风格，向其靠拢，然后在模仿中取长补短体现自己的魅力。相信不久后，你也可能变成一个“男神”。

(3)细节传递品格。想象一下以下的打扮：红豆色的棉质衬衫套上薄背心，让绿色领带露出前心。这样的打扮是否显得好特别？在办公室中或许显得轻浮，但下班后就相当耀眼了。领带、丝巾、皮带和用来挽在肩颈处的暖色毛衣都是不可多得的点缀，特别是当它们的色彩与所穿的衣服对比和谐时，效果往往是难以言喻、很见水准的。在冬季你可将丝巾打双重结塞入高领毛衣内，露出一点丝质的耀目华彩。

(4)重视色彩魅力。有些男士穿西装时看上去无懈可击，一旦换上便装便流于平俗。原因就在于这类男士缺少色彩意识，老是将自己定位于蓝灰咖啡之类的颜色中。其实，脱下深色西装换上便装才是男士真正发挥魅力的时候。你可以尝试花格子衬衫配炭灰牛仔长裤流露潇洒不羁；也可以选一件背面灰色而正面红色的夹克配黑皮裤，扮成一位摩托骑士；还可以穿红白相间的运动套装活跃于网球场上，释放青春活力；更可以穿上宝石蓝色的真丝衬衫配紫灰或蓝灰的西裤，显得贵气十足。鲜亮一些的颜色运用在男士身上，不仅能让你显出精神和活力，也可令你的形象更引人注目，受人重视。

6.男士西装有哪些基本的着装要求？

(1)西装的组成

一套完整的男士西装主要由五部分组成，分别是西服、衬衫、领带、皮鞋和皮带，五部分缺一不可。其中西服应为西服套装，领带应选择一个主色调的真丝领带，皮鞋以黑色真皮系带皮鞋为宜，皮带应选择黑色扣钉式真皮皮带。除此之外穿西装时对袜子也应着重注意，袜子颜色以深色为宜，最好选择羊毛或者精梳棉的长袜。另外男士穿西装时可以搭配公文包，公文包的颜色应与鞋子和皮带一致。[①]

(2)着装原则

穿西装最重要的规则，我们把它叫做四个“三”原则。

---

① 金正昆.礼仪金说　金正昆教你学礼仪[M].西安:陕西师范大学出版社,2006:124-130.

①“三色原则”：穿西装的时候，全身的颜色是不能多于三种的，包括上衣、下衣、衬衫、领带、鞋子、袜子在内，全身颜色应该在三种之内，此即三色原则。

②“三一定律”：在重要场合穿西装或者套装时，鞋子、腰带、公文包应为同一颜色、同一材质，而且首选黑色。色调的统一彰显品位和档次。

③“三宝得体”：男士着装的三宝得体，指的是男士手表、眼镜、戒指的佩戴要得体。男士手表以机械表最为正统和正式，不过近年来石英表也出现在男士手腕上。款式上一般选用银色的圆形手表，表带以皮质最佳。男士眼镜以金属框架的简洁造型为宜。形状上可遵循“圆中有方、方中有圆”的原则，即圆形脸的男士可佩戴方眼镜，国字脸的男士可佩戴圆眼镜。男士戒指以婚戒最为常见，由纯金或纯银制成，一般戴于左手无名指。总之，男士三宝以简约、大方为原则，彰显男士平静包容、胸怀天下的气质。

④“三毛整洁”：在着装的基础上，男士出门前一定要修整自己头部的毛发，主要包括头发、鼻毛和胡须。正式场合的男士发型，正统即为魅力，不应追求奇异。鼻毛要修剪，防止鼻毛过长露出后给人的不适感。成熟男士要养成每日剃须的习惯，用清爽光滑的皮肤，收获一份平静大度的心情。

(3)长度要求

男士正装不同部件的长度，对男士整体气质的影响至关重要。适宜的长度，可以让男士既显干练，又不失大气。

①上衣：西装上衣的下摆长度到臀线位置盖住4/5的臀部方为适宜，胸围以能穿一件单衣和薄衬衫还稍宽为准。

②领带：领带的长度一般以下领带尖恰在腰带上下缘之间为宜。

③西裤：裤长盖住2/3鞋面，以裤脚跟离地面2cm(约两个手指宽)左右为宜。

④衬衫：衬衣的长度主要看衣领的高度和衣袖的长度，二者均以刚好露出西装外套(即比西装上衣衣领、衣袖长)1～2cm(约两个手指宽)左右为宜。

⑤袜子：袜子的长度应达到并略微超过小腿肚最粗点为宜，防止袜子下滑。

小贴士：西服套装着装的几个小禁忌

忌不拆袖子上的商标。对于西装来说，其价值体现在优良的面料、良好的做工，更体现在与穿着者的形体、气质相得益彰。若不剪掉西服袖口的商标，就会让别人有一种你想炫耀西服品牌的错觉，这是非常不合适的。

忌不剪开背后下摆开衩。不管是单开衩还是双开衩西服，制造商都会用一个小针节或一段线把开衩固定住，防止运输过程中西装褶皱、变形。在拿到一套新的西装之后一定要将开衩处连接的针节、缝线剪开。

忌在口袋中装过多物品。网购西装时往往有人会收到货后发现口袋都没有剪开，于是默默给了差评。事实上，高档正式的西装口袋都是不建议剪开的。西装作为带礼仪性质的服装，本身也不是为了装物品，整齐、平顺、看着舒服才重要。除了在胸前放一块精心叠好的小方巾，其他衣兜只是为了装饰，绝不可以鼓鼓囊囊塞几串钥匙进去。

小贴士：中国人穿西装的由来

西装原是欧洲的一种传统服装，后来随着殖民掠夺的扩展传到东方，成为一种无国籍之分的国际通用服装。

从 15 世纪末期开始，相继发生了哥伦布发现美洲、达伽马绕过非洲好望角到达印度、麦哲伦船队完成第一次环球航行、塔斯曼率船队登陆澳大利亚和新西兰等重大事件，这些事件被西方史学家统称为“地理大发现”。地理大发现活动揭开了殖民掠夺的序幕，也造成了西学东渐之势，使欧洲的传统服装连同其他方面的风俗文化得到东方国家民众的认可和效仿。因其从地处西方的欧洲传来，东方国家遂将其称为西服。

西装在东方进入日本、澳大利亚等经济发达国家较早，而进入长期闭锁状态的中国则相对较晚。中国第一个公开提倡西服的是康有为。他于 1898 年 9 月 5 日向光绪皇帝上书了一道《请断发易服改元折》，主张效法赵武王“胡服骑射”的故事，改穿西式服装，他认为中国传统服饰“宽衣博带长裙雅步”存在许多不合时宜的弊端，与万国竞争的时代局势不相适应。后来变法失败，康有为的服饰改革方案也随之化为泡影。

中国最早穿西服的是以孙中山为代表的资产阶级革命派核心人物。1895 年广州起义失败后，孙中山、陈少白等人为了逃避清廷缉捕远走日本，主动“断发易服”穿上了西装。20 世纪中国留日学习形成高潮，清式服饰受到日本人嘲笑，学子们愤而改装形成了一支为数可观的留短发、穿西服的中国留学生队伍。这股剪发易服风很快传到国内，有识之士也都穿上了西装。

小贴士：你知道中山装的设计理念吗？

中山装是以孙中山的名字命名的一种服装。孙中山先生在广泛吸收欧美服饰要素的基础上，综合了西式服装与中式服装的特点，设计出一种直翻领有袋盖的四贴袋服装，被称为“中山装”。孙中山阐述该服装的思想和政治含义为：衣服外的四个口袋代表“国之四维”，即礼、义、廉、耻。[①] 前襟的五粒纽扣和五个口袋（一个在内侧）分别表示孙中山的五权宪法学说——行政权、立法权、司法权、考试权和监察权。左右袖口的三个纽扣则分别表示三民主义——民族、民权、民生以及共和理念——平等、自由、博爱。衣领为翻领封闭式，表示严谨的治国理念。衣袋上面弧形中间突出的袋盖，笔山形代表重视知识分子。背部不缝缝，表示国家和平统一之大义。

7.怎么才能挑选出一套合适自己的西服？

(1)西服的选择

一般来说，要挑选一身味道纯正、有模有样、适用于商务交往之中穿着的西装，大致需要关注西装四个方面的细节，即剪裁、面料、色彩、款式等[②]，合体的西服套装如图 2-1 所示。其中，剪裁合体最重要，因为即使面料非常昂贵，如果不合体，再好的西服也会让人笑话，如图 2-2、图 2-3、图 2-4 所示。另外，面料是决定西服的结构感与柔软度的关键性因素，因此面料决定了西服的品质，西服以纯毛面料最好，休闲西装有时也会选择麻、棉和真丝等面料。西服可以根据件数、纽扣排数、纽扣个数、领口以及后片的开衩情况分为不同的款式，在选择西装时应根据自身情况选择适合的款式。从西装的颜色上来说，不同颜色的西装适合不同的场合，因此应该根据出席的场合选择西装的颜色。

---

① 廖超慧.社交礼仪[M].武汉：华中科技大学出版社，2007：110-116.

② 鲁睿，孙一鸣.论中山装的象征意义[J].美与时代、城市，2013(6)：47.

图 2-1　男士西服套装

（浙江大学礼仪与形象管理中心课程配图）

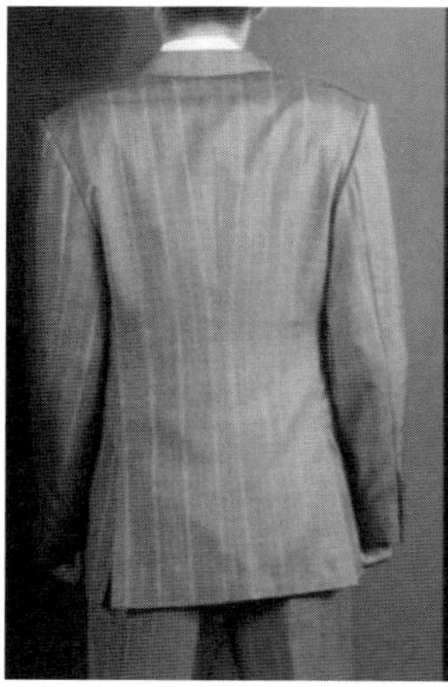

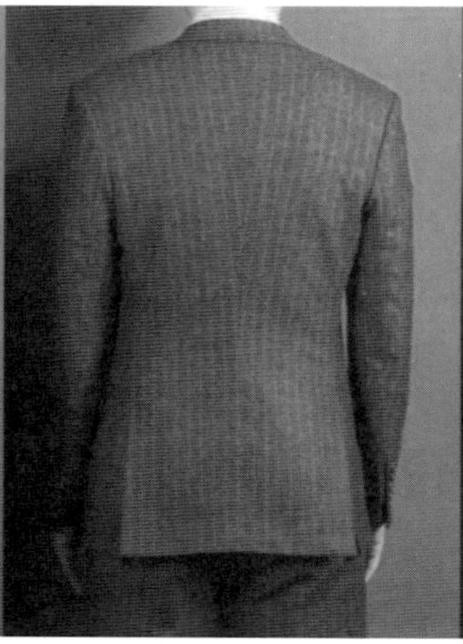

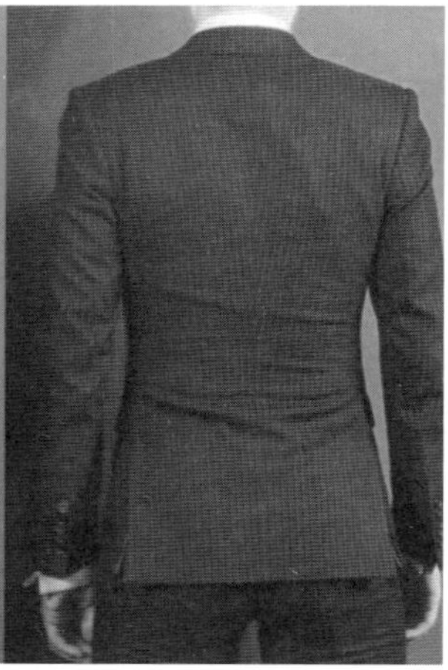

图 2-2　尺寸偏大的西服　　图 2-3　尺寸适中的西服　　图 2-4　尺寸偏小的西服

(2)西服的剪裁

看西装的剪裁是否合身应该着重关注西装的四个部位:前襟、领片、袖子和后片。首先,前襟决定了西服的轮廓,前襟主要由胸幅和肩线两部分组成,胸幅应该合身并且有些稍稍隆起的效果,有时会加入一些内里衬布让胸膛看起来饱满厚实而不紧绷。领片是最能展示西服优雅精髓的地方。左、右领片和衬衣领在胸前构成的V字形视觉地带被称为黄金三角,领片的剪裁应使领子完美贴合衬衫,不能过紧或过松。袖子关系着穿衣者的体态美感以及穿着时的舒适感,最完美的袖长袖口应该在手腕关节处,穿西装时衬衫袖口应长过西装袖口两厘米左右。后片决定了穿衣者的腰身线条,因此完美的西装后片应是能体现男士的腰线,同时又不能穿着过紧。

(3)西服的面料

西服的面料中以纯毛面料为最好,这种面料悬垂、挺括、透气,不宜出皱,外观高档典雅。纯毛面料可以分为精纺羊毛和粗纺羊毛两种。精纺羊毛织线粗细均一,纹理清晰,质地较薄,光泽自然柔和,表面光滑,手感柔软而富有弹性,不易起毛。粗纺羊毛质地厚实色光柔和,纹理织面清晰丰富,手感温和。夏季西服可以选择质地薄的纯毛、棉质与亚麻面料,这些面料具有较好的透气性,而冬季则可选择更加保暖的羊绒、法兰绒、毛呢等面料。

(4)西服的款式

首先,从件数上来说西装可以分为两件套和三件套,两件套是指上衣加西裤,三件套则比两件套多了一件马甲。从纽扣的排数上来看,主要分为单排扣西服和双排扣西服。从纽扣的个数上,双排扣的西服主要有四粒扣子和六粒扣子两种款式,而单排扣西服则主要有一粒扣、两粒扣和三粒扣三种款式。从领口来看,主要有宽领西服、窄领西服以及不宽不窄型西服等三种款式。从后片的开衩情况来看可以分为双开衩、单开衩和不开衩三种款式。

(5)西服的颜色

西装常用的颜色主要有蓝色、灰色、黑色或者藏蓝色、深灰色等,除此之外,休闲西装有时也会用到深咖啡色、浅咖啡色、橄榄绿色、白色或者米黄色等多种颜色。建议在买第一套西装时可以选择藏蓝色的素色西装,因为这种颜色的西装适用范围比较广,适合各种场合。第二套西装可以考虑选择深灰色或者黑色的素色西装，此类颜色的西装相对显得严肃、庄重，在出席正式、严肃的场合时比其他颜色的西装更合适。第三套西装可以选择深灰色细条纹、深蓝色细条纹或者深灰色方格的西装，此类颜色的西装相对偏休闲的风格，要注意的是细条纹或者方格越不明显越好，应选择那种只有细看才能看得出图案的面料。

小贴士：不同款式的西服，纽扣如何系方显得体呢？

在正式场合中，在站立或者行走状态时，西服不应敞开，一般只在入座后解开西服纽扣。此外我们在扣西服纽扣时也有讲究：对于双排扣的西服，所有扣子都应该扣上；单排两粒扣子的西服，一般只扣上面一粒；单排三粒扣子的西服的扣子中上面一粒被称为 sometimes，中间一粒被称为 always，下面一粒被称为 never，也就是说中间一粒一定要扣上，上面一颗可以扣上也可以不扣，下面一粒是必须不扣的。

小贴士：你知道西服套装各个口袋的用途吗？①

首先需要说明的是，穿正装时口袋内应尽量少装或者不装东西，以免有损风度和形象。当需要在口袋内装东西时，西装上衣两个下袋用来盛放松、软、薄的东西，诸如纸巾之类，且不能把口袋装得鼓鼓囊囊。上衣左胸上袋专门用来插装饰性手帕，因此也被叫做手巾袋。上衣内口袋可以用来装重要的证件、凭证和钢笔等等。西装马甲的四个口袋用于放名贵的小件物品，比如戒指和打火机等。

小贴士：天冷时，若要穿西装，如何加衣服方显得体呢？

天冷时穿西装，加衣服可以分为在里面加衣服和在外面加衣服两种。

在里面加衣服时，最正式的是在衬衣外穿一件西装马甲，也可以在内里穿一件白色或肤色的打底长袖或短袖内衣，最好是具有保暖作用的羊绒质地，以不臃肿为宜，同时要注意最好选低领，保证在衬衣领口处露不出内衣的领子。

在外面加衣服时，一件挡风保暖的羊毛或羊绒大衣（或风衣）最为常见。一般在正式场合，尽量不要穿毛衫或绒衫，更不能在西装里面穿。

---

① 赵少岩.服饰美容金钥匙[M].北京：西苑出版社，1997：38-40.

8.如何选择一套适合自己的西装衬衫？

(1)衬衫的选择

选择衬衣时应着重关注衬衣的面料、色彩、图案、领口和做工等五个方面。从面料上来看，织法细密的纯棉面料为衬衫的最佳面料。从色彩的角度来说，一般白色和蓝色衬衫最为常见，除此之外还可以选择粉色、嫩黄、粉紫等多种颜色。衬衫常见的图案主要有素色、条纹、格纹和花纹。衬衫的领口在选择衬衫时也应着重注意，首先领口要大小合适，不能太紧也不能太宽松。再者，衬衫的领口款型要与自己的脸型相搭配。此外，从做工的角度来看，针脚要细、密、直，好的衬衫一般后肩正中有缝。

(2)衬衫的领口及搭配

衬衣的领口样式主要有：标准衬衫领、领尖带扣衬衫领、饰针衬衫领、搭扣衬衫领、宽展衬衫领、圆角衬衫领等。

方形脸比较适合穿标准或者中等长度的领尖、展开比较窄的领型，应避免穿短领尖、展开比较大的领型或者领尖带口子的领型。

三角形脸和菱形脸比较适合穿标准领型或者稍稍展开的领型，应避免穿长尖领、圆角领、饰针领和领尖带扣领。

长方形脸比较适合穿标准较短领尖的领型或者展开比较宽的领型，应避免穿饰针领、领尖带扣领和长尖领。

梨形脸比较适合穿稍长领尖的领型或者宽展领，还可以穿领尖带扣领和饰针领，应避免穿圆角领。

鸭蛋形脸或椭圆形脸比较适合穿稍微展开的领子、短尖领或者领尖带扣领，应避免穿长尖领。

圆形脸比较适合穿宽展领、领尖带扣领、饰针领和稍长尖领型，应避免穿圆角领。

9.如何通过领带表达好男人的个性宣言？

领带是职场男士的必备装备。小小的领带不仅能表达一个男人的品位和风度，而且还能成为男人无声的名片。领带佩戴正确是凸显仪表美的重要方面，领带可以说是西装最抢眼的饰物，我们可不能在如此关键的细节上出问题。

(1)领带的选择

选择领带时,可以从面料、手感、形状、色彩等几方面着眼。面料上,以真丝最为常见,也最为正式,不过也出现了羊毛和真丝混合、真丝和涤丝混合等材质的领带。手感上,要摸起来不起皱。形状上,要没有扭曲。颜色上,要与西服的颜色相协调。

挑选领带的精髓可概括为"看、捋、攥"三个字。[①] 所谓看,即拿到领带后,先从大端头起,顺次查看有无织造、染色、印花等疵点,尤其是领带大头必须整洁、完好、无疵。所谓捋,即用双手将领带顺长捋直后,看领带是否平直。所谓攥,即用手在领带中间部位攥一下,然后放开,看领带是否能马上复原、平直,能复原的领带质量较好、弹性较大,使用过程中能良好保形,不易变形。

(2)领带的颜色

不同颜色的领带传递出不同的信息。红色是我国文化中的基本崇尚色,象征着吉祥、喜庆,但是在欧美国家红色领带几乎是政治家在需要展现活力时的标配。蓝色显示严肃和权威,浅蓝色衬衫加深蓝色斜纹领带,在一般职场中最为常见。黑色持重老成、庄严严谨,多见于年老者。此外在婚礼、葬礼以及重要的宴会上可以搭配礼服佩戴。在我国,黑西装、白衬衣、黑领带一般是葬礼上男士的常见着装。

(3)领带的图案

常见的领带图案包括:素色无纹、斜条纹、圆点、方格、波纹等。

素色无纹的领带最为常见,用途也最广,适合多种场合,可作为"万用办公室领带"使用。

斜条纹的领带是干练、知性、高雅的体现。不过不同的条纹也可以搭配出不同的感觉,如间隔相同的粗条纹有种学院派的风格,粗细间隔的条纹则彰显高雅做派。

圆点的领带充满了古典、浪漫、优雅、细致的情怀。

方格的领带视方格的大小而定,小方格体现内敛,大方格显得洒脱。

---

① 周传林.生活中这些事儿:衣食住行红绿灯[M].青岛:青岛出版社,2007:113-124.

(4)领带的款式

所谓“宽窄”，指的是领带大头最宽处的长度，不同宽度的领带，会穿出不同的风格。

标准型领带的宽度约为 7cm，这种领带最为常见，也最容易搭配，无论什么年龄段的男士，均可选购此款领带。

宽型领带的宽度约为 8～9cm，这种领带给人一种一言九鼎的厚重感，适合中老年男士搭配。

窄型领带的宽度约为 4～6cm，适合青少年佩戴，这种领带较为时尚，彰显年轻人的青春活力。

(5)领带的正式度

不同颜色、款式的领带，正式程度不同。

一般来说，单色比花色正式，灰色比艳色正式，深色比浅色正式，冷色比暖色正式，小图案比大图案正式，几何图案比具象图案正式。正式场合切忌佩戴具象图案的领带。

在不同的颜色、图案中，灰色领带的正式度最高，与之相当的是佩雷斯云纹领带。佩雷斯云纹领带，最早是皇室广泛采用的花纹图案领带，流传至今成为适宜正式场合佩戴且正式度最高的领带。

(6)领带的保养

为了保持领带的顺畅平整，解开领带时动作要轻，不要用力拉扯，防止领带变形。如果领带起皱，卷起来，放置一晚，褶皱即可消失。

领带洗涤较为麻烦，故尽量不要弄脏，如果洒上饮料等液体，应马上用纸巾盖住吸干，不要用力擦。领带洗涤后容易变形和缩水，故洗涤领带时不能用水洗，干洗时可用高纯度酒精或 120 号以上的无色溶剂汽油。将领带浸泡约 10 分钟，使用光滑的小棍轻敲脏处，或用手轻轻揉，待洗净后，用清水淋净，并用衣架挂起晾干即可。

(7)领带的打法

领带的打法多种多样，最常见的主要有温莎结、平结、四手结、双环节、亚伯特王子结等。

①温莎结打法因温莎公爵而得名，是最正统的领带打法。打出的结成正三

角形，饱满有力，适合搭配宽领衬衫，用于出席正式场合。该方法不适合面料过厚的领带，领带结也不宜打得过大。

②平结与四手结的打法较为相似，非常方便，是最便捷、最常用的一种打法，几乎适用于各种材质的领带。领结呈斜三角形，适合宽度较窄的领带，搭配窄领衬衫，风格休闲，适用于普通场合。

③双环结与亚伯特王子结较为相似，适用于质地柔软的细领带搭配扣领及尖领衬衫，风格时尚，适合年轻的上班族。

10. 如何选择男士腰间的饰品——皮带？

皮带号称男人腰间的饰品，其重要性是其他服饰配件无法取代的。除了系紧裤子的功能之外，皮带的装饰功能也不可小觑。选择一条质量上乘、款式大方、新颖别致的皮带，可以增加男人的风度和气质。皮带按照质地可以分为皮革、塑料、金属及人造革几类。皮带头有金属板扣和嵌式扣。要经常注意检查自己的腰带是否得体，是否有损坏，以便提早替换，避免发生意外。男士皮带的颜色要与裤子色彩搭配，其中以黑色最容易搭配衣服。穿咖啡色系西装可以选择深咖啡色的皮带，并与皮鞋配合。皮带扣是可以展现个人品位的细节之一，最好能将眼镜、领带夹和皮带扣等配件搭配出整体感。

根据使用场合，皮带可以分为以下几类。

(1)休闲皮带

休闲皮带以美国西部风及美国工装范为主。

休闲装带扣大概分以下两种。

①针扣：如日字扣、麻花扣、武士扣、八角扣等；

②扳扣：以西部风为主。

至于皮带的皮子部分，休闲皮带主要看皮质和封边，休闲皮带的皮子一般都是老牛皮，皮质指标最重要的是密度，弯一弯皮带观察是否有明显的褶皱，如果有，就是密度太低，皮质较差。

(2)商务休闲皮带

商务休闲皮带扳扣较多，这种场合对搭配要求较高，皮的质感及颜色都要与全身的衣物进行搭配，最简单的配色就是与鞋同色。

(3)正装皮带

正装皮带也就是穿西服套装配的皮带。扣头越简单越好,最佳就是无商标无图案的针扣圆扣头,有缝线,有封边,颜色与皮鞋颜色一致。此外,正装皮带要求3～3.5厘米宽,不能太宽也不能太细。①

11.如何选择一双得体的男士西装鞋?

电影《王牌特工》中一句台词"Oxfords not Brogues!"告诉我们"不带布洛克装饰的牛津鞋比带布洛克装饰的更为正式一些"。布洛克装饰是一种鞋面样式,而牛津鞋是一种鞋的款式。事实上一双鞋的正式度以及所适应的场合更多是由鞋面样式决定的。

(1)按照鞋面样式分,皮鞋可以分为②如下几种。

1)素面/二接(Plain Toes):正式场合,日装、晚装场合皆可。素面,即鞋面上没有任何装饰,也就是我们所说的二接头皮鞋。原用于晚装,现在也可日间穿着。

2)横饰/三接(Cap Toes):正式,最传统的日间款。横饰,就是在鞋头部分的直线缝线分割,也就是我们所说的三接头皮鞋,是最传统的日间正装款式。

3)布洛克雕花(Brogues):半正式或便装。不止牛津鞋和德比鞋可以做布洛克雕花,其他的鞋款(如乐福鞋、孟克鞋)同样也可以。布洛克雕花有四种款式。

①全布洛克(Full Brogues)也叫燕尾雕花,鞋头有"W"形纹,双翼从鞋子两边展开,延伸到脚弓。

②半布洛克(Semi Brogues)与全布洛克所不同,半布洛克鞋头的"W"翼纹变成了直线纹。

③四分之一布洛克(Quarter Brogues)与半布洛克很相似,不同的是鞋头没有花和装饰。

④长翼布洛克(Longwing Brogues)就是"W"形的翼尾一直延伸到鞋后跟。

---

① 宋世泊.宋世泊谈男士服饰和形象[EB/OL].(2018-11-09)[2020-08-20].http://zhuanlan.zhihu.com.

② 宋世泊.宋世泊谈男士服饰和形象[EB/OL].(2018-11-09)[2020-08-20].http://zhuanlan.zhihu.com.

4)其他样式:

①单皮式(Whole-cut):适合搭配半正式或便装。单张皮就是整个鞋身用一整张皮制作完成,鞋头部分以及脚弓部位没有拼接。一般的皮鞋只在鞋头部位选用最好的皮料,如果做单张皮款,则不能拼接利用次等皮料,耗费较大且考验制鞋技术,所以一般单张皮鞋多出自高级品牌或者定制品牌。

②U形式(U-Tip):鞋头有一圈U形缝线的款式。这种鞋面样式是非常休闲的款式,不适合搭配正装。

(2)按照款式分,西装皮鞋有以下几大类:

①牛津鞋(Oxford),可搭配的范围很广,正式的西服套装、半正式的商务便装或者搭配休闲装都可以。三接头的素面黑色牛津鞋是正式场合的首选。与德比鞋相比,牛津鞋的鞋舌和鞋面是两张皮,更偏向于室内,外观更优雅一些。

②德比鞋(Derbies),与牛津鞋一样,也是出席正式场合的选择。在日常工作中,通过与不同的外套、衬衫、西裤混搭,展现出醒目又带有正式感的商务休闲风格,德比鞋和牛津鞋都能轻松地融入造型中。

③孟克鞋(Monk-straps Shoes),鞋面上有一个宽大的横向带装饰及金属环扣,并且压附于鞋舌上。最初的孟克鞋是由修道士们设计的,只有一个扣带。现在非常受欢迎的双扣款孟克鞋,据说是由温莎公爵改良设计的(温莎公爵果然是20世纪的时尚偶像)。孟克鞋是皮鞋的雏形之一,所以不管正式还是非正式场合都可以穿,当然鞋面必须是正式的款式。

④乐福鞋(Loafers),穿脱方便,没有绑带,因此又被称为"一脚蹬"或者"懒人鞋",可以用于搭配商务休闲西装。

12.对于初入职场的女生着装搭配,有什么建议?

女性职场着装不同于平日社交与休闲的穿着概念,在很多行业与场合中,必须将女性的特有性征淡化,装扮美丽不是最重要的,适应自己的角色,充分展现所需要的能力与人格特质、赢得他人的信赖与肯定才是女性职场装扮最重要的目标。[①] 从各个服装元素来看,每一部分都有一些值得注意的地方。

---

① 李昀.形象决定未来——职场新鲜人形象管理成功书[M].桂林:漓江出版社,2010:39-42.

(1)外套。女性职场着装不一定是黑套装加白衬衫的传统搭配,传统搭配不仅容易和别人撞衫,难以显示个人特点,而且过于中规中矩,会显得太老气。

①关于长度。女性西装外套的长度有好几种,最常见的有两种:长度在腰下 10 至 15 厘米,大约盖住小腹位置的称为短版,盖住臀部的称为长版。此外还有两类较少看见的是刚好及腰的超短版以及到达大腿附近的超长版。在穿着与搭配上,不同长度的西装,效果各不相同。

短版西装是最普遍的女性西装款式,让人看起来显高、年轻有活力,搭配裙子比较合适,若搭配长裤最好是下半身占较大的比例,这样穿起来不至于显得腰线过长,另外臀部较窄的体型穿起来也比较合适。而长版西装盖住了臀部,因此在搭配长裤时,身材比例或者曲线的限制较少。长版西装搭配裙子会让人看起来较矮,只适合身材高挑的女性。

②关于袖长。女性西装袖长有四种:长袖、七分袖、五分袖和短袖,越长的袖子越正式。在正式职场上以长袖最为普遍。七分袖保留了一些正式感,同时也能展现亲和力与青春气息,还可以显得手臂较为修长。而五分袖与短袖更为休闲,一般用于非正式场合。

③关于前襟。单排扣中一粒扣的西装最能展示内搭的色彩与装饰。拉链式的西装带点运动风,显得休闲且年轻,相对不够正式。系带式的西装,首先需要考虑身材曲线,腰围较细的女性容易穿出效果。建议大学生初入职场可以选择较为保守的单排扣,喜欢搭配的人可以选择一粒扣,露出更大面积的三角区,只想简单搭配衬衫的人可以选择两粒扣或者三粒扣。

④关于领型。从正式度上来说,有领西装/外套比无领西装/外套更正式。戗驳领西装显得特别正式,平驳领较为常见,此外还有为了展现女性温柔感而做成圆角的平驳领、优雅的青果领、端庄稳重的中式立领、高贵矜持的漏斗领、平易近人的衬衫领等。建议大学生初入职场可以选择简单大方的平驳领,不展示过多的个人风格。如果想显得比较淑女,可以选择圆角领或者青果领。

⑤关于装饰。女性西装的装饰可以用镶边、口袋、扣子、绣花、珠饰、荷叶边、蕾丝等。当然为了展示专业感,装饰性越低的效果越好。越简单的款式越容易搭配,容易显得干脆利落,表现出热衷于工作的职业化特征。

(2)内搭。内搭可以说是女性衣橱必备,最好选购多种色彩、多种长度的款式。现在穿西装外套与针织外套时,常常不需要搭配衬衫,只要有内搭就好。不同长度的内搭可以制造层次感,在较为休闲或者讲求创意的职场,可以穿出多层次或者混搭的风格,长内搭外罩短外套,看起来富有时尚感与个性。另外,因为内搭直接靠近脸部,因此在色彩选择上必须能够衬托自己的肤色,应该选择自己的最佳色彩,才能在职场上表现出最有精神的好气色。具体可以见色彩搭配部分。从正式度上来说,衬衫、针织衫、棉质内搭的正式度依次降低。

(3)针织衫外套或内搭。针织衫在女性服装中处于重要的地位,可以作为商务休闲的适当款式。两件式针织衫包含一件无袖或者短袖内搭,再加上一件长袖或者七分袖外罩衫,色彩一致,设计上也有相互呼应之处,多半是两件一起穿,少数较热的时候会脱掉罩衫。针织衫也有单件的款式,作为内搭的无袖或者短袖款,可以选购一些,与西装外套任意搭配。单件罩衫也很实用,可以选购黑、白、灰等中性色备用。想要表现更强的亲和力,还可以选择有花纹的针织罩衫,可以与多种不同色彩的裙或裤搭配,显得轻松活泼,也不失庄重。另外,搭配裙或裤时,最好将下摆纳入裙腰或者裤腰,这样显得利落干练,比例上也更好看。

(4)裙子。女性职场下半身着装首推裙子。标准长度是及膝,过膝的较为保守,露膝的比较活泼,另外长度到小腿肚的裙子在职场上也可以接受。裙子款式上以直筒窄裙最为保守正式,但是这种裙子必须合身且不能紧绷。此外下摆略宽的A字裙虽不如窄裙正式,但是简单的A字裙也可以展现适度的专业感。下摆较宽的褶裙太过学生气。在更休闲的场合,下摆有点波浪的鱼尾裙也可以选择。更夸张的蛋糕裙、圆裙、蓬蓬裙等完全不适合出现在工作场合。另外,职场中的女士着装忌杂乱、透视、鲜艳、暴露、短小、紧身。穿着打扮不能过于夸张,不能过于体现性别魅力,也不能穿得过于裸露,应禁止穿露背装和吊带装。

(5)鞋袜。对于职场女性而言,鞋子的款式也有限制。最保守不出错的款式就是淑女包头鞋,若穿包头鞋担心鞋子会脱落,可以选择脚背有横带子的玛丽珍款,但是鞋头最好不要太圆或者太大,或者选择脚背有T形鼻梁的款式。正式场合穿凉鞋时应该注意前不露脚趾,后不露脚跟。皮鞋的颜色、款式应与衣服相配套。袜子在职场着装中也十分重要,正式高级场合不应光腿,赤脚穿鞋在职场中是应该避免的。女性袜子长度以高于裙子下部边缘为宜。在颜色上，女性多着肉色丝袜。女士穿裙装时，应避免出现袜子残破的情况，注意随身在包中携带备用袜。另外袜裙之间最好也不要有空白，避免出现三节腿。

13. 选择女性职场套装的时候有什么需要注意的？

现在有一些年轻的职场女性不愿意选择套装，总觉得老气与古板。这样的看法显然都是不全面的，规范的职业化着装不等于单调乏味，要让自己的装扮别致得体，还要了解更多的细节。

乔治·阿玛尼曾说："套装应该是女性朋友必备的服饰。"如果搭配合理的话，塑身的深色牛仔裤能显得既休闲又别致。简单来说套装有如下几类。

(1)裙套装。裙套装由裙子和西装外套组成，既可以显得中性也可以很有女人味，如图 2-5。关键在于服装的样式，可以是宽松的也可以是合体收身的。尤其是裙子的剪裁，既可以是窄体剪裁，也可以是直筒式的；既可以是铅笔的，也可以是鱼尾的；裙子长度的选择，可以过膝也可以在膝上。剪裁优美的西装外套和黑色的裙子能应付几乎各种场合。

图 2-5　女士西服套裙

（浙江大学礼仪与形象管理中心课程配图）

(2)长裤便服套装。如果想要显得干练,长裤便服套装是不错的选择,搭配一些有蕾丝、褶皱、花边等女性元素的上装,再配上或宽或窄的腰带,可以充分显示出职场女性的精干与柔美。

(3)上下装分开搭配。单说上装,有宽松长西装、收腰短西装、各式夹克上衣等不一而足。下装的款式也很丰富,如铅笔裙、百褶裙、长裙、A 字裙、直筒裤、阔腿裤、锥形裤、小脚裤等。

(4)一体式连衣裙。比如样式各异的小黑裙、香奈儿的经典成熟风格、范思哲的华丽奢华风格等。搭配上简洁风格的珍珠胸针、蕾丝胸花、时尚腰带等,可以为连衣裙增色不少。

总而言之,套装早已不再是简单的"西装+西裙"了。不同的年龄、职业,可以选择不同的套装款式。在一些人看来,"瘦身长裤+宽袖上衣+马甲"是套装,另外一些人的套装可能是长裤配衬衫,还有女性喜欢传统的两件套或者三件套裙。此外还有一件式的连衣裙,也是一种选择。

在套装中还可以融入一些流行的时尚元素,比如宽腰带和大配饰等,不仅尊重职场着装简洁得体的原则,又可不失时代特点,展现个人形象特色。

14.我们该如何选佩饰品?

装饰品是人装束的点缀,对于仪表美有画龙点睛的作用。对于在校大学生来说,更加强调"清水出芙蓉,天然去雕饰"的自然美,因此在饰品选择上要注意量少为佳,大方得体,符合青年人的身份。为了判断饰品数目是否合适,可以看看镜子中的自己,如果眼光很忙碌,看上看下都是亮点,那可能就是过多了。

女生常常佩戴的饰品有以下几种:耳环、项链、胸饰、戒指、皮带、丝巾与手表。对于饰品来讲,要注意在消费能力内购买质量较好的饰品,因为饰品一旦佩戴在身上,就是目光焦点所在,因此相较服装而言,更需要展现良好的品质。对于饰品来说,一些基本款只要质量够好,一般都可以历久不衰,不需要经常更换,每次用都能为装扮提色。

其次要注意的是饰品与自身身材、肤色、衣服款式的搭配问题,比如体型较胖、脖子较短的人可以选佩较长而细的项链;身材苗条、脖子细长的人则最好选佩宽粗一些的短项链,造成视错觉以弥补颈项美感之不足;再比如饰品与服装尽量在色彩、材质、线条与整体风格上协调一致，只有在创意为主的工作场合，才有可能采取混搭做法。

男生的饰品种类主要有袖扣、戒指、手表、笔和眼镜等。男士戴戒指顶多戴一只，而且不要过于夸张。项链和手链只有在为了展现个性和时尚感的时候才会用上。

15. 如何选择一副适合自己的眼镜?

眼镜是为视力有缺陷的人生活方便而发明的一种实用品，现在却已经被大大地拓展了适用范围，增加了装饰的功效，成为一种特殊的饰品。例如，眼睛长得太小或者形状不美，或者眼睛周围有疤痕，戴上眼镜能够有效地遮挡这些不足。尽管如此，眼镜毕竟是实用品，如果有一双美丽、健康的眼睛，还是应该让它散发自然的美丽，不要让镜片挡住它的光彩，毕竟眼睛是心灵的窗户。当然在一些必要的场合，如骄阳下、风沙天、海滩浴场或者在车床边参观、工作等，都需要戴上专用的保护眼镜。①

眼镜戴在脸上应该给人以协调的感觉，因此，选择眼镜时要考虑自己的脸型和肤色。

(1)长脸型的人宜用阔边而略方的眼镜架，这样使得脸显得短些。

(2)圆脸型的人宜用无色透明框边的眼镜架，可以使得脸显得长些。

(3)圆脸型的人宜用棱角稍圆润的方形镜架，而不能选择圆形镜框，那样会产生滑稽的感觉，好像大圆圈上画了两个小圆圈。

(4)脸型过大或者过小的人，选择镜框要适中，男性的脸部轮廓一般来说较为粗犷，棱角分明，适合配宽边大片的眼镜;女性面部线条柔和圆润，应该选择轻巧别致的镜架。

(5)皮肤较黑的人，应选用较为明亮的镜框。皮肤白皙的人则可选用浅色镜架。皮肤发黄，宜用暖色调镜架。

(6)塌鼻梁应该佩戴有高鼻托的眼镜，高鼻梁则宜用低鼻托。

(7)瞳孔间距较宽的人宜选用深色大镜框，较窄的则应选择中间有镜桥的透明浅色框架。

---

① 雅瑟. 社交与礼仪知识大全集[M]. 北京：企业管理出版社，2010：111-130.

16. 如何穿好学位服[①]？

学位服是学位获得者、攻读学位者及学位授予单位的校(院)、学位评定委员会主席及委员(或导师)出席学位论文答辩会、学位授予仪式、名誉博士学位授予仪式、毕业典礼及校(院、所)庆庆典等活动所穿着的正式礼服，由学位帽、流苏、垂布、学位袍四部分组成。学位服作为专用服装，着装应符合下列规范。

(1)学位帽。学位帽为方形黑色。戴学位帽时，帽子开口的部位置于脑后正中，帽顶与着装人的视线平行。

(2)流苏。校长、导师为黄色，博士为红色，硕士为蓝色，学士为黑色。

未获学位时，流苏垂在着装人所戴学位帽右前侧中部。学位授予仪式上授予学位后，由学位评定委员会主席(或校、院、所长)把流苏从着装人的帽檐右前侧移到左前侧中部，并呈自然下垂状。

校(院、所)长、学位评定委员会主席及委员(或导师)及已获学位者，其流苏均下垂在所戴学位帽的左前侧中部。

(3)学位袍。校长服为全红，两袖口各镶三道金边。导师服为红、黑两色。博士服为黑、红两色。硕士服为蓝、深蓝两色。学士服为全黑。穿着学位袍，应自然合体。学位袍外不得加套其他服装。

(4)垂布。垂布为套头三角兜型，以镶色料分学科，文(粉红)、理(灰)、工(黄)、农(绿)、医(白)、军(大红)。垂布佩戴在学位袍外，套头披在肩背处，铺平过肩，扣绊扣在学位袍最上面纽扣上，三角兜自然垂在背后。

(5)附属着装。内衣：应着白或浅色衬衫。男士系领带，女士可扎领结。裤子：男士着深色裤子，女士着深色裤子或深、素色裙子。鞋子：应着深色皮鞋。

小贴士：常见学位服着装提示

学位服是比较严肃、正式的礼服，因此穿着时要端正大方，不能太过暴露，过分露出大腿摆姿势拍照等行为都是不可取的。学位服也不能落地或者随意改造，此外不应该穿学士服出入公共场合，例如公交车、出租车、超市等。

---

① 中国学位与研究生教育信息网. 学位服[EB/OL]. [2020-07-21]. http://www.cdgdc.edu.cn.

三、搭配是一种品位

——仪表里的礼仪

借用心理学中的“55387”定律来描述，影响人的第一印象的因素55%来自着装服饰。着装是根据个人的经历、阅历、身体特点、性格特点、情趣爱好等，结合场合、岗位、职业等因素进行选择搭配的过程，包括色彩选择搭配、体形搭配等。

(一)色彩搭配

衣着服饰是展现真实自我的手段之一，而在着装服饰中流行着“远看色，近看形，触摸质”。色彩能让人变得更加美丽，更加自信。每个人只要找到了属于自己的色彩，那么华丽变身不再是传说。这不仅因为色彩是我们全身上下最大面积的元素，完美的搭配效果会给人一种极有品位的概念[①]，还在于色彩是一种无声的语言，通过不同色彩的选择和搭配会传递不同的信息，展现自我个性和形象。因此，了解服装色彩的选择和搭配技巧，能让你区分出“你喜欢的”和“你适合的”，那么就能让你穿出彩。

1.色彩的基本属性是指什么?

要懂得选择和搭配服饰色彩，首先必须了解色彩的基本属性。[②] 色彩有三种属性：色相、明度和纯度。我们在描述某一色彩时，正是通过对这三种属性的

---

① 李楷.妆面设计教学中的用色考辨[J].武汉商业服务学院学报，2006(2)：59-61.

② 和龑.色彩的性格[M].北京：中央编译出版社，2008：101-120.

组合。如淡蓝色,“蓝”指的是色相,“淡”指的是高明度、低纯度。

色相是指色彩呈现出来的样貌,是区别不同色彩的标准。红、黄、蓝构成颜料的三原色(见图 3-1),由这三原色两两混合所得到的颜色被称为间色,分别是红黄混合得到的橙色、黄蓝混合得到的绿色以及蓝红混合得到的紫色。也因此红、橙、黄、绿、蓝、紫构成了色彩体系中的基本色相。原色和间色的混合得出复色,如红色和橙色混合得出红橙色、黄色和橙色混合得出黄橙色等。由原色、间色和复色构成了十二色相环(见图 3-2)。有一点要强调,黑白灰属于无彩色,不在色相环中。

图 3-1　三原色

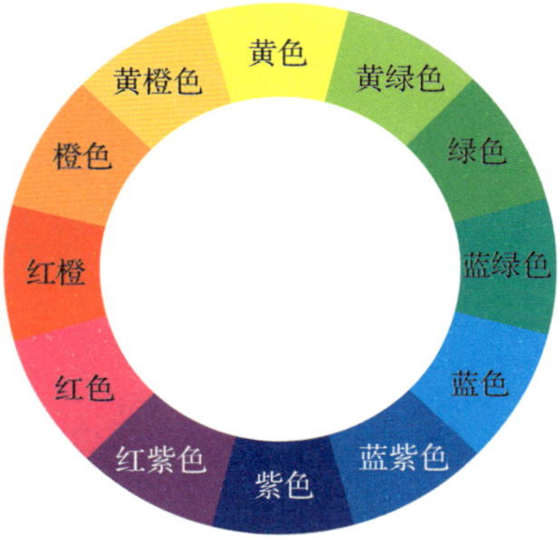

图 3-2　十二色相环

色彩的明度是指色彩的明暗程度。明度高的色彩亮、有轻盈感;明度低的色彩暗、有厚重感。在色相环中,黄色明度最高,紫色明度最低;在无彩色中,白色明度最高,黑色明度最低。有彩色中越接近白色,明度越高(见图 3-3),越接近黑色,明度越低(见图 3-4)。

色彩的纯度是指色彩的浓淡程度。纯度高的色彩颜色强烈鲜艳;纯度低的色彩颜色黯然浑浊。色相环中的纯色都属高纯度的,即颜色中所含有色成分比例大;无彩色是没有纯度一说的。纯色中掺杂的黑白灰越多,纯度就越低。

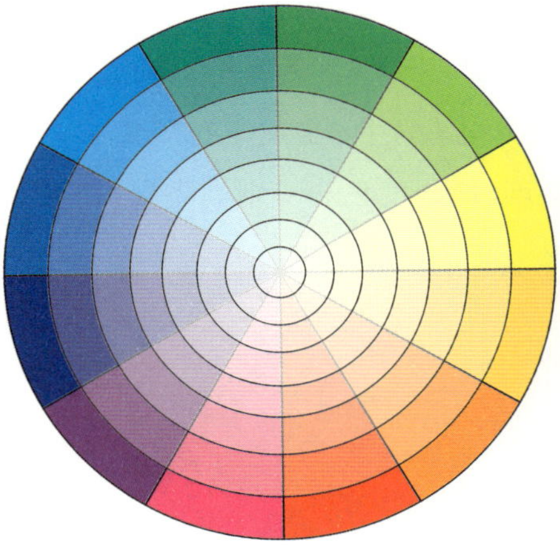

图 3-3　加白

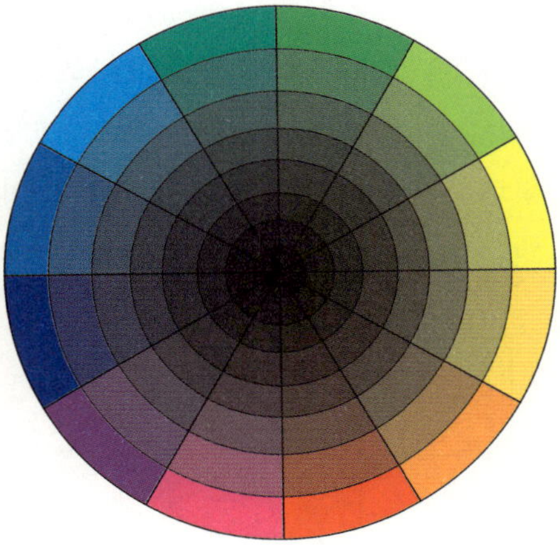

图 3-4　加黑

2. 色彩明度和纯度是一种什么样的关系？在色彩搭配中起到什么作用？

若我们同时来考虑明度和纯度这两种属性，就涉及一个新概念——“色调”。[①] 色调是明度和纯度的结合，在色彩搭配过程中是不可或缺的重要因素。明度和纯度常常一同变化。比如在纯色中加入白色，色彩的明度提高、纯度下降，于是色彩的颜色就会变明亮柔和；如果在纯色中加入黑色，色彩的明度和纯度都下降，于是色彩的颜色就会变得浑浊暗沉；但如果在纯色中加入灰色，色彩的明度不变、纯度下降，于是色彩的颜色就会变得淡雅平和。

色调决定了色彩搭配中所体现出的“高调”和“低调”。如高明度、低纯度（见图 3-5 色调图中的淡色调、浅色调）的色彩搭配清丽柔和、温暖浪漫；[②] 中明度、中/高纯度（见图 3-5 色调图中的亮色调、艳色调和鲜色调）的色彩艳丽活跃、积极高调；中明度、低纯度（见图 3-5 色调图中的浅灰色调、柔色调）的色彩温和协调、优雅知性；低明度、中低纯度（见图 3-5 色调图中的灰色调、浊色调、深灰色调、暗色调和深色调）的色彩深沉稳重、自然低调。举个例子来分析，女生参加约会的时候，若穿淡紫色或水粉色（高明度、低纯度的色彩），会给对方留下温婉

① 黄晓洁，袁惠芬. 男装色彩搭配研究[J]. 流行色，2019(9)：106-107.

② 罗萍. 广告视觉设计基础[M]. 厦门：厦门大学出版社，2005：55-70.

柔和或清新可人的印象；参加求职面试，若穿深蓝色（低明度、低纯度的色彩），则会给面试官留下稳重值得信赖的印象；参加聚会派对，若穿橙色或亮宝蓝色（中明度、中高纯度的色彩），则在人群中最为引人注目；毕业季在单位实习，作为职场准新人，若穿灰蓝色或灰紫色（中明度、低纯度色彩），则能表现出职场的知性、干练。①

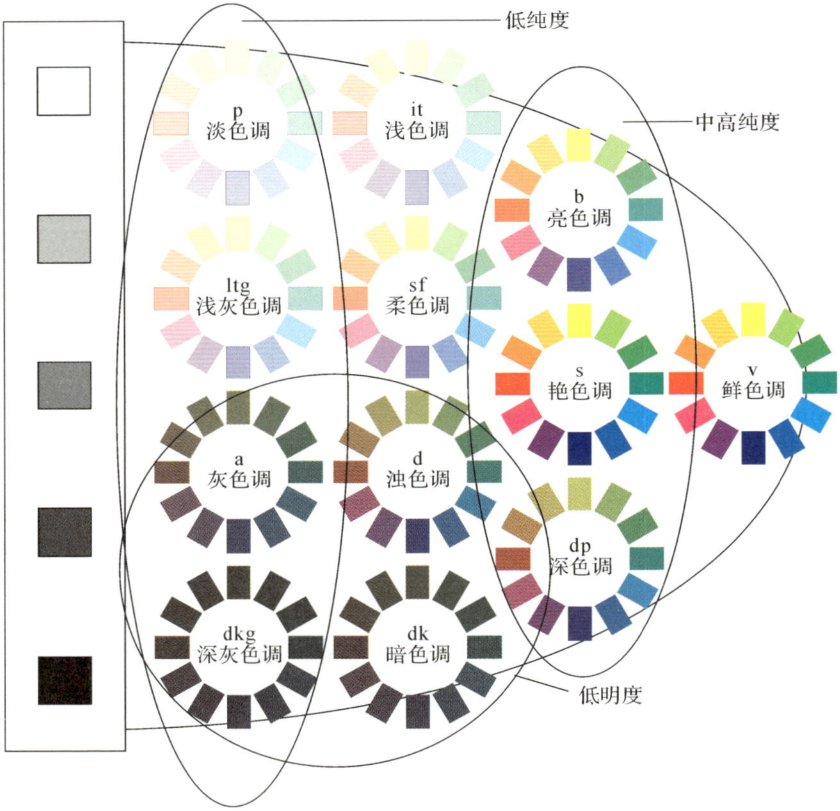

图 3-5　色调图

资料来源：日本色彩研究所 PPCS 色彩体系

① 刘瑞璞，陈果. 西装[M]. 北京：中国纺织出版社，2014：23-24.

3. 服饰色彩的选择和人的肤色有什么关系呢?

进行色彩选择,只掌握色彩的基本属性还是不够的。为了能在喜欢的颜色中找到适合自己的颜色,我们还需要了解自己肤色的冷暖、明暗和艳浊。

色彩的冷暖是一种感觉,可以分为绝对冷暖和相对冷暖。绝对冷暖是指不同颜色相比所感觉到的冷暖,比如我们看到红颜色会感到一种温暖,看到蓝颜色会感觉一种清凉。相对冷暖是锁定在一个区域同色相比,也有冷暖的感觉,比如同为红色,橙味红就是暖红,而紫味红就是冷红;[①]同为紫色,蓝味紫就是冷紫,而红味紫就是暖紫(见图 3-6)。

影响人肤色的因素有三个:黑色素、胡萝卜素和血红素。黑色素多少决定人肤色的深浅,即我们所说的肤色的明暗(黑白)。胡萝卜素和血红素的多少决定了人肤色的冷暖。胡萝卜素占的比例多,人的肤色呈现黄/橙红色,属于暖肤色(见图 3-7 右边脸);血红色素占的比例多,则人的肤色呈现玫/紫红色,属于冷肤色(见图 3-7 左边脸)。

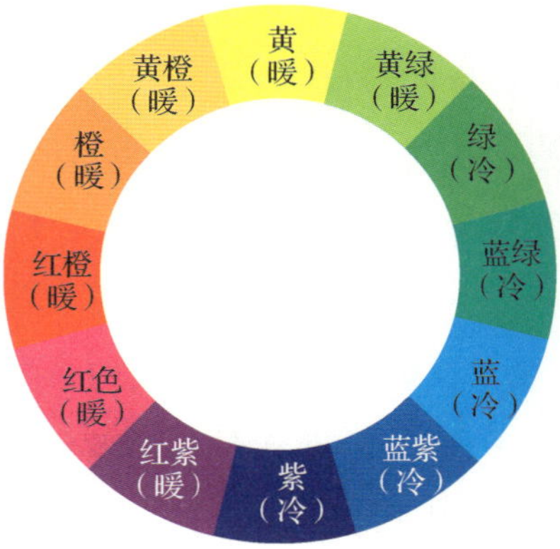

图 3-6　冷暖色相环

图 3-7　冷暖肤色

皮肤的紧致、光滑程度以及毛发的材质决定了肤色的艳浊。[②] 肌理紧密的皮肤显得光滑、滋润,这样的肤色纯度高;而肌理粗糙的皮肤给人感觉斑驳、缺

① 张桂蓉. 现代礼仪[M]. 长沙:中南大学出版社,2011:45-50.
② 李昀. 赢在形象力[M]. 桂林:漓江出版社,2010:33-40.

少润滑和细腻度，这样的肤色纯度低。发质光滑、滋润时会使皮肤增加滋润感，从而增加肤色纯度。

了解了自己肤色冷暖、明暗和艳浊后，选择服饰色彩时要遵循色彩平衡原理，即冷肤可以选择冷色调的色彩，暖肤可以选择暖色调的色彩；深色皮肤可以选择中低明度的深色调，浅色皮肤可以选择中高明度的浅色调；肤色纯度高的可以选择中高纯度的艳色调，肤色纯度低的可以选择中低纯度的浊色调。

4. 色彩搭配的方法有哪些？

（1）同色搭配，比如米黄色和深咖色搭配、淡紫色与深紫色搭配等。同色搭配是指在色相环中相同的色相，根据明度或纯度变化进行搭配的方法。这种搭配效果比较和谐雅致，相对也比较容易陷入单一呆板。所以同色搭配要注意拉开色彩的明度差，如象牙白（高明度）与棕色（低明度）搭配，明度对比越明显效果越好；或者在同一明度下拉开色彩的纯度差，如同属中明度的浅灰色调中的灰绿（低纯度）与鲜色调中的艳绿（高纯度）搭配，就会有层次感，产生鲜明生动的效果。在同色搭配中，浅色、亮色和干净的颜色最先吸引人们的眼球，因此，这些颜色用于上半身可以使你的脸部成为焦点。另外，同色搭配还可以通过款式较为复杂的设计感或服饰的材质对比来凸显生动的效果。

（2）邻近色搭配，比如黄色与黄橙、橙色或黄色与黄绿、绿色的搭配。[①] 邻近色搭配是指在色相环中相邻的两种或三种色彩（90 度范围内的颜色）进行搭配的方法。因为邻近色有着相同的基调，是最密切相关的颜色，同时也是最不易发生冲突的颜色，所以搭配效果柔和温顺，和谐中略有些变化。如果希望邻近色搭配能出彩，则可以在明度或纯度上进行适当的变化，如淡黄色与深黄橙色搭配，视觉上会产生鲜明活泼的效果。

---

① 石晓娜. 漂亮是穿出来的[M]. 北京：九州出版社，2006：53-60.

(3)互补色搭配，比如紫色和黄色的搭配。[①] 互补色搭配指的是色相环上位置相对的两种颜色进行搭配的方法。在色相环中共有三组互补色：红色与绿色、黄色与紫色、橙色与蓝色；90°～180°之间的叫扩充补色。因为互补色对比强烈鲜明，所以搭配效果给人华丽抢眼的感觉，会带来强烈的视觉刺激。为了避免太过张扬的效果，互补色搭配可以通过降低色彩的纯度、改变色彩的明度来达到更好的对比效果，如浅玫瑰色与翡翠绿搭配，就比亮玫瑰色与同样的翡翠绿搭配看起来更柔和。另外，还可以通过用色面积大小来调节对比的效果，如橙色衬衫与蓝色外套，穿着时只露出橙色的领子和袖子作为点缀。请记住，互补色搭配最忌讳没有图案并且颜色鲜艳夺目的单色分别用在上下装且面积大小对等的搭配。

(4)呼应搭配，是指把身上的某一色彩分散到全身各处的搭配方法，可以形成视觉上统一协调的效果。

(5)无彩色搭配，是指多个颜色在一起搭配时，加入无彩色进行隔离或平衡的搭配方法，能创造出独特的配色效果和韵味。

5. 皮肤偏黄偏黑该穿什么颜色？

在这里需要强调一下，服饰的色彩选择只和我们脸部(包括脖子)的肤色关系密切，所以我们讲肤色指的就是脖子及脸部的肤色。当我们了解了人的肤色和服饰色彩的关系之后，对于这个问题我们可以这样来回答。

肤色偏黑的人一般可选择介于深灰色调、暗色调和深色调的色彩(见图 3-8)。如果肤色偏黑皮肤光洁，则可穿深色调的色彩；若皮肤粗糙，则选择深灰色调或暗色调的色彩。这就是说皮肤黑的人可以穿彩色，但不能穿艳彩色或淡彩色。比如，肤色黑的人想穿红色的衣服，那要穿暗(深)红色，而不能穿艳红色或粉(淡)红色。

---

① 陈学军. 服装设计基础[M]. 北京：北京理工大学出版社，2010：75-90.

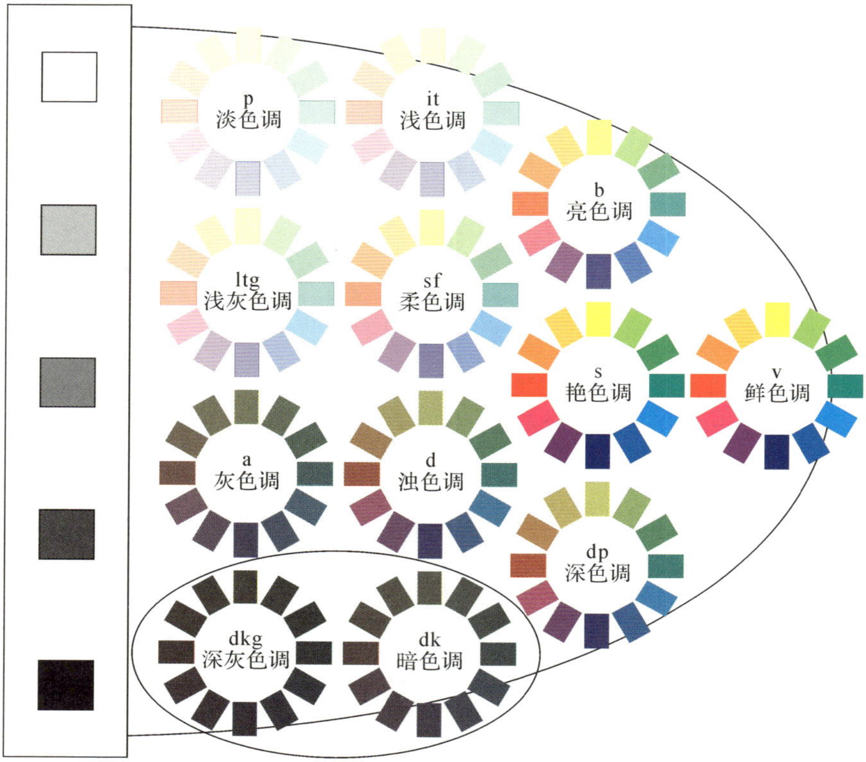

图 3-8 深灰色调、暗色调、深色调

资料来源：日本色彩研究所 PCCS 色彩体系

肤色偏米黄的人一般能选择浅灰色调、柔色调的色彩(见图 3-9)。如果肤色偏黄但皮肤光洁且肤发对比度较强，则可以选择亮色调或艳色调的色彩(见图 3-10)；若皮肤粗糙或肤发对比度较低，则选择灰色调或浊色调的色彩(见图 3-11)。

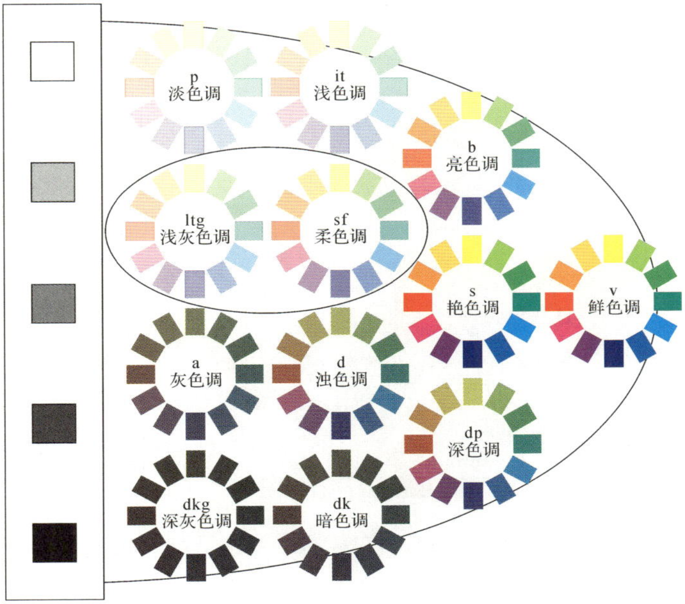

图 3-9　浅灰色调、柔色调

资料来源:“日本色研配色体系”的颜色—PPCS

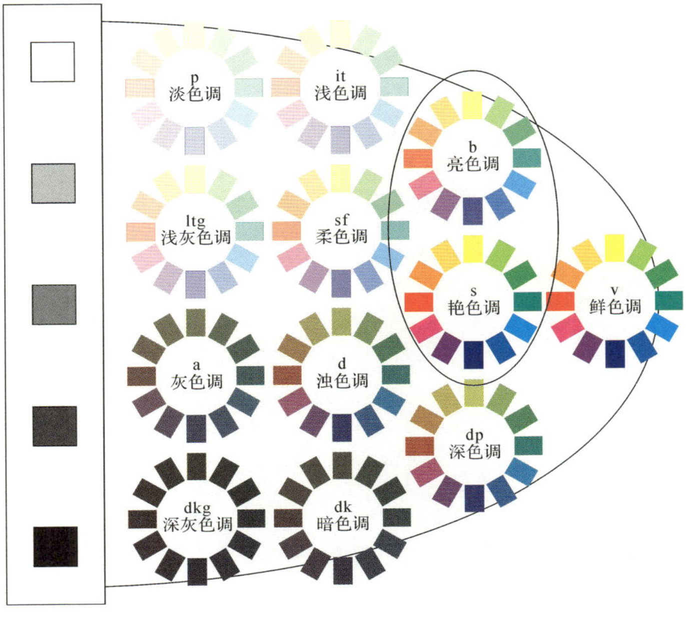

图 3-10　亮色调、艳色调

资料来源:日本色彩研究所 PCCS 色彩体系

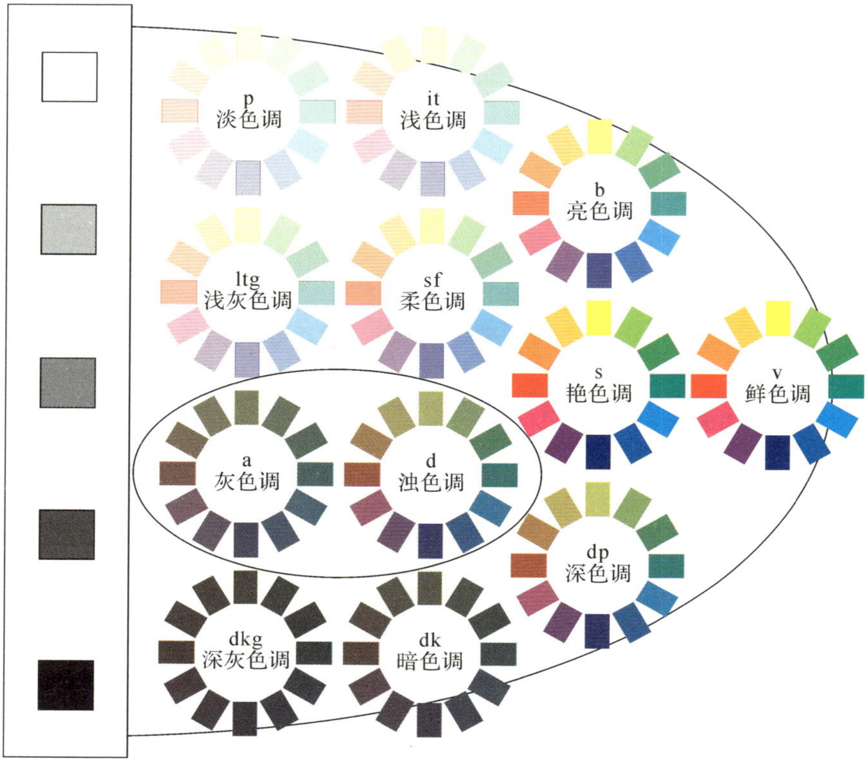

图 3-11　灰色调、浊色调

资料来源：日本色彩研究所 PCCS 色彩体系

肤色偏白的人可以选择淡色调或浅色调的色彩（见图 3-12）。一般肤色偏白的人皮肤都比较光洁，如果肤发对比度较强，则可以选择亮色调、艳色调和鲜色调的色彩（见图 3-13）。

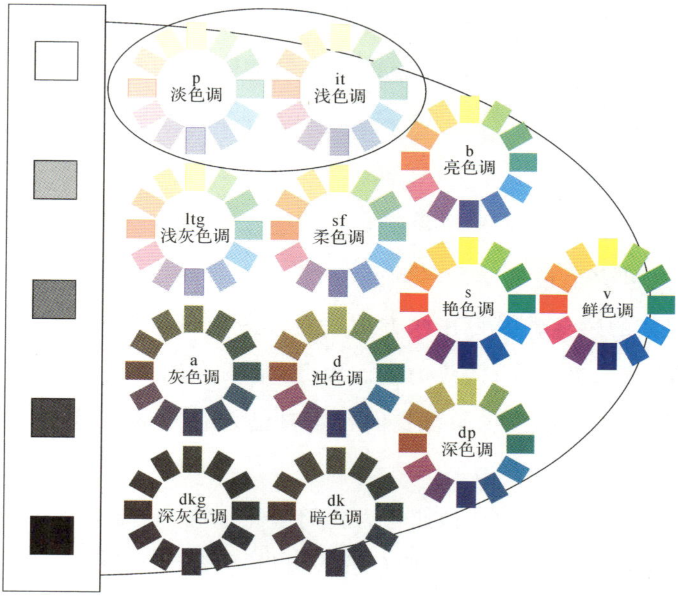

图 3-12　淡色调、浅色调

资料来源：日本色彩研究所 PCCS 色彩体系

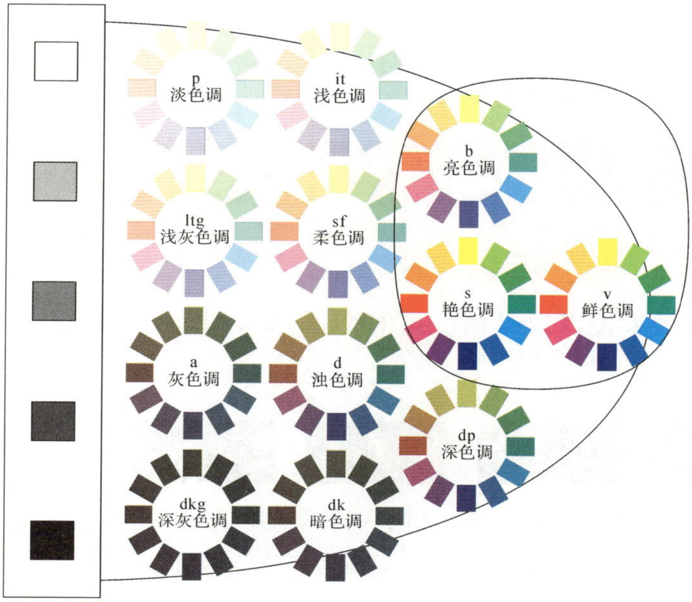

图 3-13　亮色调、艳色调、鲜色调

资料来源：日本色彩研究所 PCCS 色彩体系

大家会发现肤色偏黄和偏白的人都能穿亮色调、艳色调的色彩，那么这两者有没有差别呢？一般来说肤色偏黄的人穿的是亮色调、艳色调中偏暖的色彩，如橙色、红色等；肤色偏白的人穿的是亮色调、艳色调中偏冷的色彩，如蓝色、紫色等。

6.活力热情的红色该如何搭配？

红色是这世界上被最早命名的颜色，它让人容易联想到血与火，给人激情奔放、热情兴奋的感觉。因为在西方历史上红色曾是贵族的着装颜色，所以红色有时也象征着高贵权威、强势力量。因此，活泼开朗的人选择红色能较好彰显自己的性格。或者在一些场合我们希望自己是有力量的、被注目的，也可以选择红色。

然而，我们知道色彩的选择能否为我们添光加彩，需要考虑我们的肤色，而不单纯只是性格和喜好。所以暖肤色的人可以选择大红、橙红、海棠红、番茄红等偏暖的红色，冷肤色的人可以选择玫红、粉红等偏冷的红色。那么是不是冷肤色的人就不可以穿大红色？不是的，喜欢大红色或性格活泼的冷肤色人可以选择大红色的裙装或裤装，使大红色远离脸部；如果一定是上装，则建议用丝巾与脸部肤色进行隔离。

如果脸上长了痘痘或皮肤容易发红的人，建议尽量避开红色的上装。

（适合暖肤色的红色）
（适合冷肤色的红色）

肤色深的人可以选择加了黑的红色，如褐红色、深酒红、深紫红色等红色。

（适合深肤色的红色）

红色服饰色彩搭配的方法有以下几种：

(1)同色搭配，比如浅粉红色 T 恤可以和深葡萄酒红色裤装或裙装搭配，或红色衬衫可以和咖色裤装搭配等。

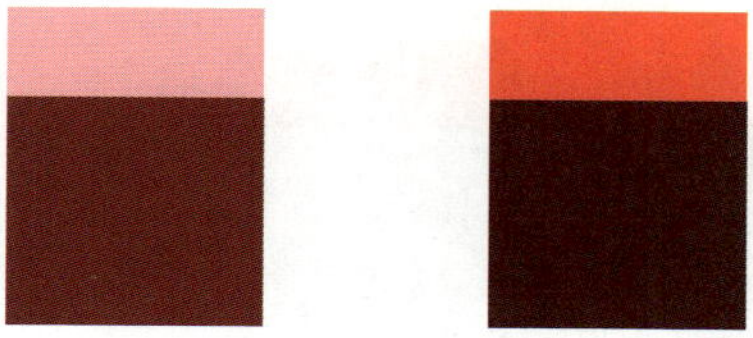

(2)邻近色搭配,红色的邻近色是紫色和橙色。比如大红色毛衣可以和深棕色大衣或黄橙色外套搭配,浅玫红色开衫可以和紫色连衣裙搭配等。

(3)互补色搭配,红色的补色是绿色。互补色搭配一定要注意面积的主次之分,或者改变色彩的明度、纯度。① 如淡绿色短袖 T 恤可以和红色长裤搭配,或红色连衣裙可以系绿色系腰带、搭配绿色皮鞋等。纯正的大红色搭配藏蓝色是扩展补色的搭配,两者相得益彰,红的更红,蓝的更蓝,效果非常独特。粉红色与蓝绿色的搭配,被称为“典型的洛可可式风格”。

(4)呼应搭配,如用红色表带、包包、鞋子、胸花、项链或眼镜等饰品与身上的红色服装呼应。

(5)无彩色搭配,红色可以和黑白灰进行搭配,如红色衬衫(T 恤)与黑(白、灰)色裤装或裙装搭配,或红色毛衣和黑(白、灰)色大衣搭配,也可以是红色大衣搭配黑(白、灰)色毛衣。

① 周洁.论服装搭配中色彩的运用[J].文艺生活·文艺理论,2013(3):58-59.

7. 明快醒目的橙色该如何搭配？

橙色是各种颜色中最出挑醒目的颜色，是一种拥有异国风情的色彩。橙色是红色和黄色的混合色，让人容易想到太阳、橘子，但它不像黄色那么刺眼，也不像红色那么热，给人明朗温暖、勇气活力、敏感刺激的感受。橙色在色彩的冷暖中属于暖极，所有的橙色都是暖色，适合暖肤色的人穿着。如果冷肤色的人喜欢橙色，一定想穿橙色，那么我们给出的建议是：若肤色白皙则穿加较多白的浅淡橙色；若肤色深则穿加较多黑色的深橙色。因为一个颜色加了较多的白或黑，原来色彩的冷暖属性就会减弱。

（浅淡橙色）

（深橙色）

橙色服饰色彩搭配的方法有以下几种：

(1)同色搭配，比如浅淡橙色 T 恤可以和深橙色裤装或裙装搭配，或橙色衬衫可以和棕色裤装搭配等。

(2)邻近色搭配，橙色的邻近色是红色和黄色。比如橙色毛衣可以和咖色外套搭配，或浅淡橙色开衫可以和黄色或黄绿色连衣裙搭配等。在橙色的邻近色搭配中，请注意一定要拉开色彩的明度差，因为橙色和它邻近的颜色都是比较抢眼的色彩，会刺激视神经，容易使人产生疲劳感。

(3)互补色搭配，橙色的补色是蓝色。如浅淡橙色短袖T恤可以和天蓝色长裤搭配。纯正的橙色和蓝色搭配，对比强烈，能够烘托出特立独行的气势，但要注意面积的使用一定要有主次之分。

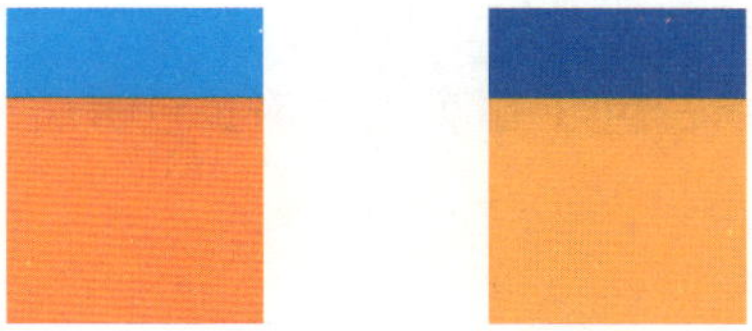

(4)呼应搭配，即用橙色饰品与身上的橙色服装呼应。

(5)无彩色搭配，橙色可以和黑白灰色搭配，橙色和白色搭配，如橙色衬衫(T恤)与白色裤装或裙装搭配，能够烘托出卓尔不群的明丽活泼感觉，但这个白色最好是乳白色。

(6)橙色还有一绝妙搭配，即裸色与橙色搭配。

8. 希望活力的黄色该怎么搭配?

黄色是色相环中明度最高的色彩，看到黄色会使人想到油菜花、向日葵，给人轻松快乐、温暖和煦的感觉。中国人皮肤偏黄，因此大部分中国人都很难驾驭黄色。那些肤色白皙、肤质通透干净的人能较好挑战黄色家族中的淡黄、浅柠檬黄、嫩黄、杏黄、鹅黄、米黄、蛋黄；如果肤色微微发黄且两颊有桃红、肤质较好有光泽度的人可以驾驭向日葵黄色和藤黄色。如果你很喜欢穿黄色，那么建议一定要精心化妆提亮肤色，否则黄色穿上就容易显得乡土。

（适合白净肤色的黄色）

（适合肤色偏黄有光泽的黄色）

黄色服饰色彩搭配的方法有以下几种：

(1)同色搭配，比如淡黄色T恤可以和深黄色裤装或裙装搭配，黄色衬衫与绿豆黄裤装或裙装搭配。

(2)邻近色搭配，黄色的邻近色是橙色和绿色。比如黄色毛衣可以和棕色外套搭配，淡黄色开衫可以和绿色连衣裙搭配等。

(3)互补色搭配，黄色的补色是紫色。如黄色短袖T恤可以和紫色长裤或长裙搭配。

(4)呼应搭配，即用黄色饰品与身上的黄色服装呼应。

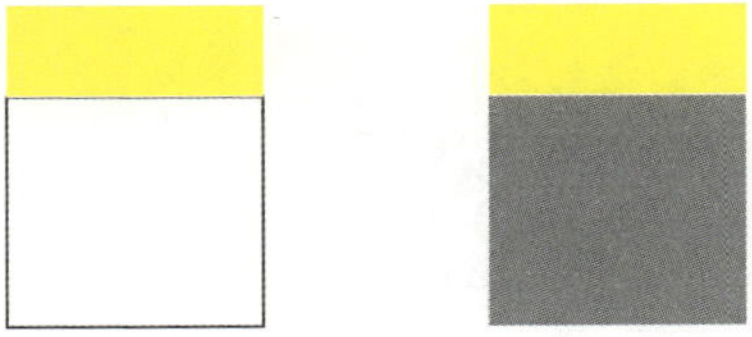

(5)无彩色搭配，黄色可以和白灰色搭配。一般不建议黄色和黑色搭配。在动物界带有攻击性的动物如马蜂、猎豹身上的色彩都是黄黑色搭配。黄色和黑色搭配在一起有最佳的远距离效果和醒目的近距离效果，所以在交通警示中最危险的标识就是用黄黑色搭配。在服饰搭配中黄黑色搭配在近处看有可能显得刺眼。

9. 生机盎然的绿色该如何搭配？

绿色让人想到树叶、绿草，给人新鲜自然、和谐安宁的感受。喜欢绿色的人性情比较平和，具有较好的协调合作精神。绿色是混合色中最独立的颜色，人们看见绿色几乎不会联想到它产生于黄色和蓝色。如果我们留心观察，会发现绿色在日光的照射下会产生很多不同的变调，其变化比其他颜色要剧烈得多。因为很多植物都能用于绿色印染，而且在晚上蜡烛的光线里所有绿色的面料都会带有褐色显旧的色彩，所以绿色在过去不是高贵的颜色，常用于普通服装。

冷肤色的人建议穿偏蓝的冷绿色，暖肤色的人建议穿偏黄的暖绿色。

（适合冷肤色的冷绿色）

（适合暖肤色的暖绿色）

绿色服饰色彩搭配的方法有以下几种：

(1)同色搭配，比如淡绿色T恤可以和墨绿色裤装或裙装搭配。

(2)邻近色搭配，绿色的邻近色是黄色和蓝色。比如淡绿色衬衫可以和黄色外套搭配，或绿色毛衣可以和蓝色连衣裙搭配等。

(3)互补色搭配，红色与绿色是互补色，搭配方法如前所述。

(4)呼应搭配，即用绿色饰品与身上的绿色服装呼应。

(5)无彩色搭配，绿色可以和黑白灰色搭配。

10. 安宁忧郁的蓝色该如何搭配？

蓝色让人想到天空、大海，给人清爽冷静、稳重保守的感觉。与其他颜色相比，蓝色象征着美好，诸如和谐、忠诚、信任、友好，所以蓝色是最受人欢迎的颜色。[①] 蓝色在色彩的绝对冷暖属性上属于冷色，这与我们的经验相关，如冰和雪发出的是蓝光，皮肤受冷后也会发蓝，所以蓝色适合冷肤色的人。那么肤色偏黄的暖肤色的人可以穿蓝色吗？可以，只是适合暖肤色的蓝色比较少，如深或浅的湖蓝色、孔雀蓝色、钴蓝色。

（适合暖肤色的暖蓝色）

蓝色的服饰看起来不刺眼，适合很多场合。蓝色服饰色彩搭配的方法有以下几种：

① 李昀. 形象决定未来：职场新鲜人形象管理成功书[M]. 桂林：漓江出版社，2010：120-130.

(1)同色搭配，比如淡蓝色T恤可以和藏蓝色裤装或裙装搭配。

(2)邻近色搭配，蓝色的邻近色是绿色和紫色。比如淡蓝色衬衫可以和绿色外套搭配，蓝色开衫可以和紫色连衣裙搭配等。

(3)互补色搭配，如前所述蓝色与橙色是互补色，所以搭配注意事项如前。

(4)呼应搭配，即用蓝色饰品与身上的蓝色服装呼应。

(5)无彩色搭配，蓝色可以和黑白灰色搭配。

11. 高贵神秘的紫色该如何搭配？

紫色是红色和蓝色的复合色，有着红色的热情、蓝色的孤独。紫色让人想到紫罗兰、薰衣草，给人高贵神秘、华丽优雅的感觉。紫色在色彩的绝对冷暖属性上属于冷色，所以紫色适合所有冷肤色的人。但在相对冷暖上，紫色也可以分为偏蓝的冷紫色如薰衣草紫、偏红的暖紫色如紫罗兰。因此，适合肤色偏黄的暖肤色的紫色只有深或浅紫罗兰色。

（适合暖肤色的暖紫色）

紫色服饰色彩搭配的方法有以下几种：

(1)同色搭配，比如淡紫色T恤可以和深紫色裤装或裙装搭配。

(2)邻近色搭配，紫色的邻近色是蓝色和红色。比如淡紫色衬衫可以和蓝色外套搭配，紫色开衫可以和蓝色连衣裙搭配等。

(3)互补色搭配，紫色与黄色是互补色，所以搭配注意事项如前。紫色与金色的搭配，金色会让紫色更加艳丽，效果比较独特华丽。

(4)呼应搭配，即用紫色饰品与身上的紫色服装呼应。

(5)无彩色搭配，因为紫色是色相环中明度最低的色彩，所以紫色可以和黑白灰色搭配，但要注意避免深紫色与黑色的搭配，这两个颜色搭配在一起容易显得过于成熟。

12.纯净极简的白色该如何搭配?

白色是所有色彩中最完美的颜色,让人想到白云、白雪,给人干净素雅、正直单纯的感觉。白色也是无彩色,白色有偏蓝的雪白、纯白等,也有偏黄的乳白、本白、米白等。肤色偏黄的人可以选择乳白、本白和米白等偏黄的白色,肤色白皙干净的人可以选择雪白、纯白等偏蓝的白色。白色作为无彩色,在服装搭配时是百搭色,可以和所有的色彩进行搭配。但注意米白色和雪白色不宜搭配在一起,浅灰和白色也不宜搭配在一起。

有句俗语说:“若要俏,一身孝”,说的就是穿一身白色,在人群中会很引人注目。在夏季,女生去约会或者到海边旅游时,穿一袭白色的雪纺纱长裙,会给人留下清纯飘逸的神仙姐姐的印象,美哉美哉!

13.“一身黑”真的显瘦吗?

黑色让人想到夜晚,给人神秘古板、凝重压抑的感觉。天鹅绒的黑是世界上最深的黑色。黑色作为无彩色,在搭配服装时基本属于百搭。但黑色的凝重,容易让穿者显得老气,所以要尽量避免从上到下从里到外一身黑的穿法。因此,男生选择西服尤其是第一套西服不建议黑色,而应该选择深蓝色,在稳重理性中有时尚年轻的气息。女生可以选黑色的套装做正装,通过艳色的衬衫或内搭来点缀,在节制中透露青春活力。

在一些正式活动的场合,男女生常常会选择穿黑色西服外套搭白色衬衫的穿法,这是因为黑色凝重、白色纯洁,黑与白是象征客观事实的色彩;而且黑白配属于强对比,容易引人注目、给人力量感和值得信赖感。但是在中国只有大约10%的人能很好驾驭黑白配,这10%的人属于肤色白皙有光泽,肤质透明干净,而且头发黑,发质光滑。因此,如果是肤色偏黄的男生则建议选择深蓝色西服搭配本白或淡橙色衬衫;如果是肤色偏黑的男生则建议选择深蓝色西服搭配中/深灰或深蓝色衬衫,以浅色领带点缀。女生可以选择黑色的外套,如果是肤色偏黄的女生则建议选择较艳丽的红色、橙色或绿色的衬衫/内搭来搭配;如果是肤色偏黑的女生则建议选择较深的色彩如深红色衬衫或内搭来搭配,用亮色的胸花/胸针点缀。

黑色的服装因为放弃了色彩,使服装自身的奢华能自然流露出来,也因为节日盛装使用黑色,从而使黑色成为优雅昂贵的色彩。所以对于女生来说,必备一条连衣小黑裙,这是适用于正规场合的经典着装。

14. 如何让没有个性的灰色穿出优雅的气质?

灰色是黑色和白色的混合色,在灰色中白色的纯洁被破坏,黑色的凝重被打破,所以灰色属于没有个性的、最为混沌的色彩。灰色让人想到阴天、烟雾,给人朴素低调、谦虚中立的感受。歌德认为所有的色彩混合在一起便产生了灰色,所以灰色被认为是最稳定的百搭色,可以和任何颜色搭配在一起。灰色的典型特征是它的模糊和顺从,它的色彩依赖于周围色彩。但过度使用灰色会给人压抑的感觉。对于初入职场的新人来说,选择灰色的西服,不显山不露水的灰色比较低调、不引人注目,能够较好地融入新的工作环境,建立较和谐的人际关系。浅紫色、粉红色与灰色搭配会显得非常的雅致、低调而又惹人注目。

15. 如何巧用特殊色彩金色或银色?

金色是一种特殊的色彩,看上去金色和黄色相近,但金色代表着金钱、权力,给人奢侈华丽、昂贵傲慢的感觉。金色在色彩的冷暖属性上属于暖色,比较适合暖肤色即皮肤偏黄的人使用。一般金色出现在节日盛装中较多。金色和橙色、红色搭配在一起显得华丽和谐,和紫色搭配在一起显得奢华神秘,和黑色搭配在一起显得权威高贵。

银色也是一种特殊的色彩,是美化了的灰色。银色让人想到月光,给人清澈明亮和距离感。银色在色彩冷暖属性上属于冷色,比较适合冷肤色的人使用。银色不像金色那么张扬炫富,所以更显优雅。

16."少女心"的粉色该怎么搭配?

粉色让人想到桃花,给人柔软可爱、浪漫甜蜜的感觉。粉红色是温柔的色彩,它是弱化的红色、美化的白色,是红色与白色的混合体,象征着妥协、顺从的特质。粉红色是所有色调中最不真实的色彩。很多女生喜欢粉色,但粉色是冷红色,肤色偏黄偏黑尽量避免穿浅淡粉色,因为浅淡粉色很容易使人看上去更黑更黄。如果一定想穿粉色,肤色偏黑的人可以选择加了黑的粉色,肤色偏黄的人可以选择偏橙色的粉色。建议喜欢穿粉色的女生精心化妆提亮肤色,尽量不要素颜穿粉色。在一些严肃场合,不建议穿大面积粉色服饰,因为粉色容易给人留下不稳重的印象。

粉色服饰色彩搭配方法和红色的搭配方法相同，但粉红色的效果取决于它周围的色彩。同一种粉红色与不同的色彩搭配在一起，效果会截然不同。粉红色与白色搭配会显得更娇嫩妩媚；和红色搭配在一起看起来会显得娇艳温暖一些；和蓝色搭配在一起就显得清凉干净。浅淡粉色不建议与黑色搭配，因为黑色和浅淡粉色在一起会使浅淡粉色变得不干净。

(二)体型搭配

1. 人的体型可分为哪几种？不同体型如何穿衣？

(1)人的体型类型

通俗形象地来说，人的体型可分为两大类，一类是苹果型，一类是梨子型。苹果型指的是“直筒”的身材，优点是臀部较窄，缺点是腰围较粗；梨子型指的是“上小下大”的身材，优点是腰细，缺点是臀部较大且大腿较粗(图 3-14)。当然，理想的身材就是介于两者之间，腰细、臀部适中、大腿较细，是一种理想曲线，我们称之为苹果梨。

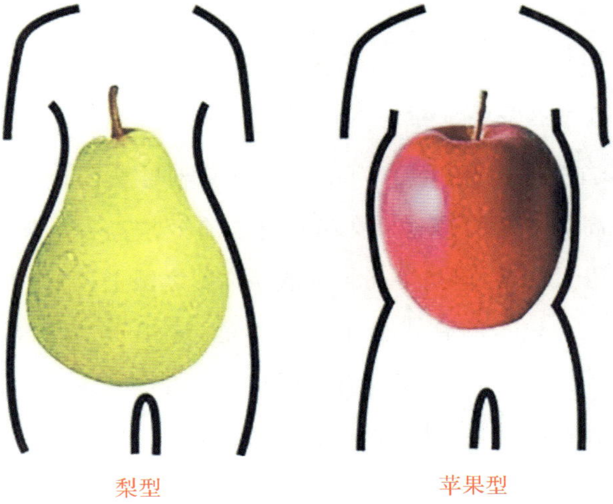

图 3-14　人的体型类型

(2)不同体型的着装原则

苹果型身材较适合穿合身的裤装,可使身材线条看上去更加修长。如果是裙装,则适合裙摆内缩的窄裙,可展现窄臀的优势。应避免在腰部搭配明显的腰带等装饰,以免使原本就不细的腰显得更加粗,腰带可以系在胯部,装饰臀围。

梨子型的身材,不太适合穿长裤,可选择臀部、腿部较宽松的中直筒裤,可以尝试露肩装、短打上衣等,露出自己纤细的部位,或者可以选择条纹或者印花上衣,让人的视线转移到不胖的上身来。下装以宽松为主,选择直筒小脚裤、直筒短裤、阔腿裤都可以,裙装的话A字裙、伞裙都是好选择,不宜穿下摆太内缩的郁金香型裙。

2.高矮胖瘦者,如何通过着装进行修饰?

身材较高的人选择线条流畅的服装,不宜用垂直的线条,不宜做高卷的发型,戴高帽子,避免窄小、紧身的衣服。

身材较矮的人要避免使用水平线的衣服,避免宽大、粗笨的衣服,适宜穿造型简单、色彩明快、小花型图案的服装。

身材较瘦的人要避免穿过长、紧身、窄小的款式,不宜用垂直线,在颜色搭配上多用浅色艳色能使身影加宽。

身体较胖的人,应注意使用流畅、柔和、流线型的款式,服装不宜贴身和宽大,垂坠感强的面料会更显瘦。①

3.女生如何穿衣显高显瘦?

想要显高,首先要利用视觉连贯性,从衣服到鞋袜的色彩要连贯,尽量一致,才不会有身高被切断的感觉。穿高跟鞋能有效增高五六厘米,甚至七八厘米,都不至于显得太醒目,但是再高就有欲盖弥彰之嫌了。

上衣不应过长,较短的款式会让人感觉更高挑。较矮的女生可尽量留短发,短发会将视线往上提,让人变高;相反的,长发将视线往下带,不利于显高。

对于胖的人而言,过紧、过松都不合适,最重要的是合身。同时,选择垂感

---

① 张红玲.现代女性礼仪与修养指南[M].武汉:武汉大学出版社,2011:55-70

很好的面料，不论厚薄，布料要有足够的坠感，这样会让人感觉顺着身体往下，而不是往两边扩。另外，可以利用结构性的剪裁，将全身分为竖向的线条或结构，会有一定的显瘦效果。

4. 男生如何穿衣更显高？

男生不像女生，高跟鞋一穿，立马“变高”。但是男生也可在鞋内悄悄使用“内增高”，或者尽量购买鞋底较厚的鞋子。

上衣方面，将腰线和纽扣位置提高，上衣贴身且后片无开衩，会有显高的效果。同时，袖子以及上衣都不可以太长。衬衣尽量选用细密的条纹，素色更好。全身上下的色彩尽量一致，让视觉看上去更加连贯，会有拉长的感觉。

5. 肩宽的女生如何穿出女人味？

肩宽的女生有时看起来比较魁梧，穿着 V 领的衣服，甚至是敞开至锁骨以下的大 V 领，会很好地将视觉引向大面积露出来的颈部线条，从而弱化宽肩的存在，展现出女性的美感。

肩宽穿西装或职业套装会比较好看，肩宽的女生简直就是天生自带垫肩。除了西装，任何硬挺有型的外套，穿起来都会十分帅气。要尽量避免穿泡泡袖一类上衣，肩部有夸张设计和横向图案的也不要穿，那会让人看起来像个女巨人。

6. 窄肩或溜肩女生如何穿出气场？

肩窄也是一个麻烦，穿什么衣服都感觉是耷拉着的，感觉少了些精神。

(1)建议多选择肩部有装饰或有膨胀效果的款式，如耸肩、垫肩、泡泡袖、飞袖、有肩章的外套等，也可以人为地增加肩部的长度。但是垫肩款要注意，避免太老气或者不自然。

(2)通过颜色来进行修饰。肩部的颜色要比上衣其他地方颜色浅，通过颜色浅和深的拼接，可以在视觉上有一个肩部膨胀的感觉。横条纹也有一定加宽的效果，可以试试。[1]

(3)通过装饰来进行调整。一条披肩，或是大围巾，可以有效遮盖肩窄的问

---

① 王静. 选对色彩穿对衣[M]. 桂林：漓江出版社，2011：45-60.

题。另外，高领的毛衣、硬朗挺括的外套，都是比较适合的。

7. 胸大的女生如何穿出优雅？

现实生活中，胸大有胸大的烦恼。尤其是校园里青涩的女生，有时会因为胸大，不好意思挺起胸来，也不知道该怎么穿衣。

胸大的女生，应避免穿着胸前有褶皱、荷叶边、蕾丝、大口袋等装饰的衣服。也应避免穿十分贴身的紧身衣，以免把起伏很大的胸部更加凸显出来。

另外，尽量选取纯色深色厚重料子。厚重的料子可以减少视觉冲击，深色本来就有收缩效果，而单一的颜色则会把目光均匀到衣服的每一处。

8. 胸小的女生如何穿出曲线感？

（1）小胸的美人穿衣时，剪裁和样式是重点，太露太紧的上衣会使胸部看起来更加平坦，可选择在胸部缀满装饰的衣服，这些胸前凸起的装饰有丰胸的效果。[①]

（2）上衣可多件层叠搭配，增加衣服与衣服之间的空间。这种多层次搭配，视觉上显得上身宽松丰满，同时干扰视觉。丝质、针织衫单穿是禁忌，一定要做两件式搭配。

（3）领形的挑选是重点，翻领的设计很适合小胸女生，V 形领要尽量避免。搭一条短丝巾，会很好地将目光焦点转移，长丝巾则不宜。精致小巧的项链也是很好的选择，长项链能不戴就不戴。

（4）内衣很关键，可选择 1/2 或 3/4 罩杯，能将胸部有效集中，让胸部看起来够圆润挺立。

（5）腰细则胸大，如果可以，尽量收腰，穿束腰的服装。

9. 臀大的女生如何穿出轻盈感？

穿直筒裤可以使得臀部和腿部线条差别没有那么大，直上直下的款式也是遮盖大臀围的好办法，但是需要注意的是必须搭配高跟鞋，否则就会变成短粗腿的效果。

无论是米色裤子还是时下流行的裸色，对于臀大的女生来说，都是雷区，还

---

① 李昊. 魅力女人书[M]. 北京：中国长安出版社，2006：45-80.

是不要尝试为好,以穿深色裤子为宜。

利用大衣外套遮臀在秋冬是很好的显瘦办法。内搭暗色的衣服,特别显瘦,外穿一件亮色大衣,巧妙遮臀的同时,还能衬托出好肤色,可谓两全其美。

另外,剪裁合理的花苞裙、大摆裙、A字裙,不但能遮住过度丰满的臀部,还能让女性看起来娇小可人,更有女人味,这是臀大女生很好的选择。

10.如何穿衣显腿长?

我们都羡慕"上身短,下身长"的身材比例,因为这样会显腿长。其实,上半身和下半身的分割线是腰线,如果腰线高了,下半身就会自然看起来修长了,就能显得腿长,大家在平时穿衣时,可以试试下面几种穿法。

(1)腰线越高,就显得腿越长。大家在穿衬衣和裤子时,将衬衣下摆扎进裤子里,可拉长腿部线条。同样,在平时购买连衣裙时,若要想显腿长,应该选择腰线或收腰位置在中腰以上的款式,穿着没有腰线或腰身的连衣裙时则可以用腰带来定位自己的腰线。

(2)在腰线位置相同的情况下,裙子的长度若在膝盖以上,则裙子越短越显腿长;若裙子长度在膝盖以下,那么裙子越长,就显得下半身越修长;裙子长度正好到膝盖的话,除非你真的非常瘦、小腿形非常好,不然有可能会显得腿又粗又短又老气。

(3)不同款式的鞋子对腿长的视觉效果影响也十分明显。高跟鞋是让腿部看起来修长的利器。此外,露出脚面的鞋子永远比不露脚面的鞋子要显得腿长,因为脚背和腿能形成一个视觉完整且拉伸的长度。

四、举止是一种魅力

——仪态中的礼仪

关于仪态，中国古代的《说文》解释说，“仪，度也”，一般是指人在行为中的姿势和风度，具有形式化的特点。可见，仪态是人们经过修饰的行为举止，是一种通过肢体语言对其思想、感情和文化修养的外化表达。我国作为礼仪之邦，历来重视仪态的表达。早在先秦时期，我国古人就有对不同身份的人在不同场合中的体态礼仪的记载，在《礼记》中的《少仪》《玉藻》篇里对礼仪有着非常详尽而细致的描述。在不同的礼仪场合中，人们的举止动作都需要随仪节、情境的变化而发生改变，这相当重要。

美国社会学家戈夫曼认为：“人类的沟通更多以非语言符号形式进行，并由人们如何选择自己的形象而决定。他人的期待限定了每个人在社会这个大舞台中所扮演的角色。”换句话说，人们都在扮演一个为大众所接受、被社会主流所认同的理想角色，这一角色是指“与人们的某种社会地位、身份相一致的一整套权利、义务的规范与行为模式，它是人们对具有特定身份的人的行为期望，构成社会群体或组织的基础”。为此，人们需要通过不断学习和规范自身的身体语言以构建理想的社会身份。[①] 在我们的日常生活中，良好的仪态呈现往往会给他人留下高修养的初步印象，“美的形体”“优雅的姿态”和“稳重的举止”是社会对个人仪态的社会标准。当人们接受了仪态的训练，能够更好地呈现出社会所认同的形态美感，自然也就能够获得更多的发展机会。

仪态主要表现在站姿、坐姿、走姿、蹲姿以及手势语、目光、表情等。我们也把它分为动作语和表情语，其中站姿、坐姿、走姿、蹲姿以及手势语属于动作语，

---

① 戈夫曼.日常生活中的自我呈现[M].冯钢，译.北京：北京大学出版社，2008：103-112.

目光、表情、微笑属于表情语。“站如松、坐如钟、行如风、卧如弓”，这是我国古人对人体姿势的要求。从现代礼仪角度考虑，也需刻意训练自己的体态，向外界展现良好的道德品质、人品学识及文化修养。

1. 如何展现良好的站姿？

最容易展现出个人体态特征的是人处于站立时的姿势。在社交场合中，个人被要求做到“站有站相”，要注意站姿的优美与典雅。在社会认同体系中，女士应是亭亭玉立与文静优雅的；男士应是刚劲挺拔与稳健大方的。站姿是人处于静态时的造型动作，是其他身体姿态的基础，是一个人身体健康、精神饱满的体现，也是培养优美仪态的起点。良好的站姿显示出人的自信，衬托出美好的气质和风度，并给他人留下美好的印象，如图 4-1、图 4-2 所示。

图 4-1　男士标准站姿

良好的站立姿势应是端正、庄重，具有稳定性，做到头正、肩平、臂垂、躯挺、腿并。

头正：要端正，两眼平视前方，嘴微闭，直颈，下颌微向后收，表情自然，稍带微笑。

肩平：两肩平正，微微放松，稍向后下沉。

躯挺：胸部挺起，腹部往里收，腰部正直，臀部向内向上收紧。

对于手脚的摆放和姿态，男士和女士则有所不同。一般情况下，男士是双

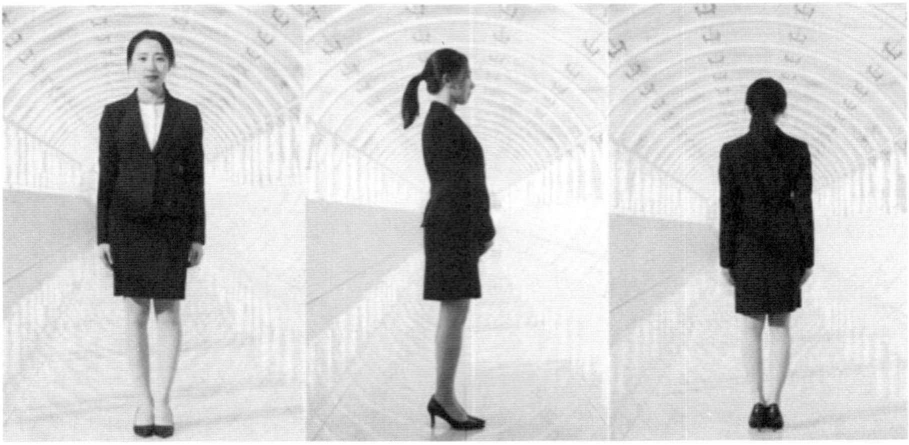

图 4-2　女士标准站姿

脚分开与肩同宽，而女士则多为双脚并拢，或是双脚脚跟并拢，脚尖分开呈 30°到 45°，或者双脚呈“丁”字。而不管男士、女士，双手一般都是呈现交叉状态，放置于腹前。此外，两臂也可自然下垂，手指自然弯曲，中指对准裤缝。[①]

在日常站姿中，我们要避免以下一些不雅站姿，如身体歪斜，弯腰驼背，双手抱胸、叉腰或插入口袋，频繁变化体位，做小动作等，这些都给人一种没有精神气儿、不够稳重的感觉。具体而言，不雅姿势表现为——

(1)上身：歪脖、斜肩（一肩高一肩低）、弓背、挺腹、撅臀或身体倚靠于其他物体等；

(2)手脚：两腿弯曲、叉开很大或者在社交场合中双手叉腰、双臂抱在胸前、两手插在口袋等都是不雅的站姿；

(3)动作：有许多小动作比如说搔头抓痒，摆弄衣带、发辫，咬手指甲等。

2. 如何展现端庄的坐姿？

坐姿也是人际交往中十分重要的人体姿态，它反映的信息十分丰富，不仅与人的身体健康息息相关，还反映了一个人的精神状态。端庄的坐姿给人优美、典雅、自然、大方的印象，给人舒适而又不易产生疲劳的感觉。

① 雷鸣. 办公室人员的仪态礼仪[J]. 办公室业务，2013(8)：51-52.

坐姿礼仪包括入座礼仪、就座礼仪以及离座礼仪。

入座礼仪讲究入座顺序，礼让尊长。在公共场合、公交车上，若是座位有限，应礼让给尊者、长者和其他确有需要的人。入座时要注意入座方位，在我国遵循从左入座。若是坐的时候碰到领导、师长，应起身主动致意，再轻稳落座。

就座时，应先观察椅子所摆放位置是否恰当，若不合适则要先将椅子挪到合适的位置。如前面有桌子，一般先走到座位左侧，然后右脚向右跨半步，直腰轻稳落座，再收左脚。若前面没有桌子，则走到座位前方，再直腰轻稳地坐下。女士如果穿裙装，在入座时要用双手先轻拢裙摆，而后入座。入座后，上身保持自然垂直的状态，双肩平正放松，立腰、收腹、挺胸，两手放在双膝上或半握拳放在腿上，也可以两臂微屈，掌心朝下，放在桌上。此时两腿自然弯曲，双脚平落地上，男士双膝稍稍分开，女士双膝必须靠紧。聆听时，双目平视，嘴唇微闭，微收下颌，面带笑容；与人交谈时，身体侧坐，转向对方的方向，上半身保持挺直，向前微微倾斜；起立时，右脚向后退半步，而后直立站起，收右脚。如图 4-3 所示。

离座时，首先示意离座，若是与尊者、长者同时离座，应等他们先离座，轻稳起身。温馨提示——要注意避开以下几种不正确的坐姿：

(1)就座后前倾后仰，歪歪扭扭，脊背弯曲，耸肩等不自然的状态；

(2)两腿过于分开或笔直地伸出去，没精神地瘫坐在椅子上；

(3)就座后随意挪动椅子，在正式场合跷二郎腿、摇腿、抖腿；

(4)坐在椅子边上，身体萎缩，耸肩，过于前倾地与他人交谈；

(5)大腿合拢，小腿分开，或双手垫于臀下，腿脚抖动。

此外，女士如何优雅上下车也是非常重要的问题。如果穿着短裙装，女士上车时不要先将一只脚踏入车内，也不要爬进车里，这样极不美观，女士应该先站在车座边，降低身体，让臀部先坐到车座上，再将双腿一起收进车里，双膝一定保持合并的姿势。下车同理，要将双脚先伸出车外再站起来。①

---

① 廖茂财.商务接待礼仪全攻略[J].理财，2010(4)：76.

图 4-3　男士、女士标准坐姿

3.如何展现稳重的走姿?

行走是人们在日常生活中最为主要的动作,我们可以从一个人的走姿中看出其精神面貌,也可以判断出他是否受人欢迎。可以说,走姿对个人形象的塑造十分重要。精心打扮,穿着入时的人,如果走姿不美不端正,也会显得十分平凡普通;而有的人即使服装样式简单,优美的走姿也能使他气度不凡,如图4-4。

稳重的走姿要求人们在行走时上身挺直,双肩平稳,目光平视,下颌微收,面带微笑;手臂呈放松、伸直的状态,手指自然弯曲,在摆动时以肩关节为轴,上臂带动前臂,向前、后方向自然摆动;身体稍向前倾,落脚时膝盖伸直,脚跟先着地,步伐沉稳。①

走姿美不美,关键看三方面:首先步位要标准,步位是指行走时脚落地的位置。女士行走时两脚跟前后要踏在同一条虚拟直线上,脚尖正对前方,步程线呈“一字线”。男士行走时两脚跟前后交替前进在两条直线上,脚尖稍稍外展,两脚之间距离约3厘米,步程线呈“平行线”。其次步幅要适中。迈步不要过大,男士若穿西装,步幅可以稍微大点,女士穿高跟鞋或者裙子,步幅应当相对小些。再次是步速要均匀。男士为显矫健、稳重、洒脱,建议每分钟走约100～110步,女士为显轻盈、端庄、文雅,建议每分钟走110～120步。如果碰到急事,可以加快脚步,但切忌奔跑,特别是在楼里,会令人产生不安的感觉。

在走姿训练过程中,要想走得好,首先要站得好。若是站都没站好,往前伸脖子,扣肩驼背,塌腰挺肚,是走不好看的。为了维持身体的平衡,要做到手脚协调:上身保持端正,当右脚向前迈步时,左手向前摆动,身体重心适当前移;同样的,当左脚向前迈步时,右手向前摆动,身体重心适当前移,如此反复。在行走过程中,注意两脚脚尖指向前方,而不是向里勾或向外撇,避免内八或外八的错误走路姿态。

行走过程中,男士抬头挺胸,步履雄健有力,潇洒豪迈,步伐稍大,展现稳重刚健的阳刚之美;女士脊背挺直,步履轻捷文雅,轻柔自然,步伐略小,展现温柔娇巧的阴柔之美。

---

① 刘真.礼仪常识与日常行为[J].魅力中国,2016(16):52.

图 4-4　男士、女士标准走姿

4. 如何展现含蓄的蹲姿?

蹲姿是最能体现个人素质的一种仪态。在日常生活中我们经常会碰到这样的场景:捡掉在地上的东西、整理自己的鞋袜、集体合影时前排需要蹲下。在下蹲时,很多人的习惯姿势是弯腰翘臀,使得美好的形象大打折扣,如果我们能采用恰当的蹲姿,将会给人留下美好的印象,如图 4-5。

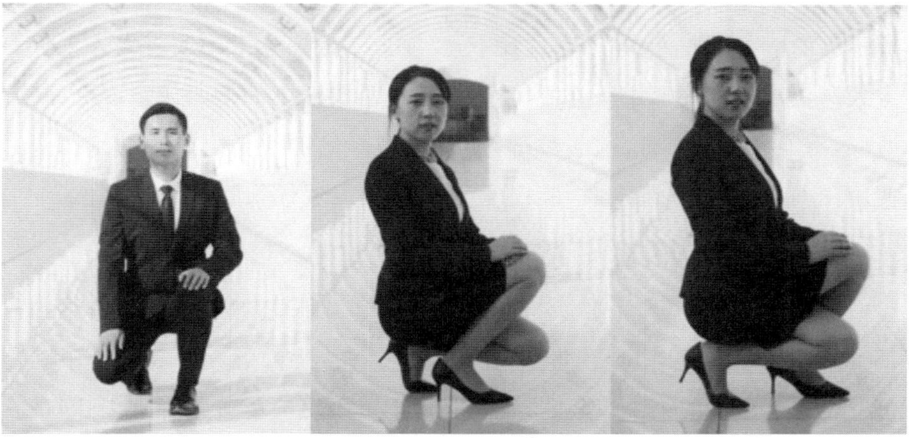

图 4-5　男士、女士标准蹲姿

正确的蹲姿要做到迅速、得体、大方,上身保持正且直。双脚一脚在前、一脚在后,前脚全脚着地,后脚脚跟提起,脚尖着地。男士下蹲时双腿可以稍稍分开,双手分别放在两个膝盖上;女士下蹲时双腿必须合拢,双手交叠放于腿上。在下蹲过程中,臀部的重心一定要降下来,上身稍稍前倾以保持平衡,脊背保持挺直,头、胸、膝关节呈现自然的状态,这样的蹲姿不仅规范,而且优雅。当然在下蹲过程中,一定要掌握好身体的重心,避免出现侧倒等尴尬局面。

由于脚位不同,常见蹲姿有高低式蹲姿和交叉式蹲姿两种形式。

(1)高低式蹲姿。这是男女通用的蹲姿,也是最常用的蹲姿。下蹲时,两脚一高一低,可以根据实际情况判定脚位。如果左脚在前,那右脚靠后,两腿靠紧往下蹲。左脚全脚着地,右脚脚跟提起,脚掌着地。右膝内侧微微靠于左小腿内侧,形成左膝高右膝低的姿势,臀部向下,基本上靠一只腿支撑身体,保持身体平衡。①

---

① 《北大清华学得到》编写组. 现代社交入门[M]. 北京:民主与建设出版社,1999:39-41.

(2)交叉式蹲姿。这种蹲姿常体现于女士,比如集体合影时前排需要下蹲,这时采用交叉式蹲姿会显得更加优雅。下蹲时,右脚在前,小腿基本垂直于地面,全脚着地;左腿在后与右腿交叉重叠,左脚跟抬起,脚掌着地。两腿前后尽量靠近,用合力支撑身体,保持身体平衡。臀部向下,上身稍向前倾。

为了展现优雅的蹲姿,在下蹲时一定要注意避免出现弯腰或者臀部向后撅起的动作;女士尤其要注意的是双腿不要叉开下蹲,避免出现下蹲时露出内衣裤等不雅的情况。此外,在下蹲过程中,要注意不能突然下蹲或者离人太近,那会令人产生被冒犯的感觉。总之,当要捡起掉落在地上的东西或拿取低处物品的时候,不能只弯曲上身、翘起臀部,而是应当首先走到要捡或拿的东西旁边,再使用正确的蹲姿,拿起东西,最后再直腰站起,展现优雅姿态。

5.如何用手势巧妙传达你的心意?

俗话说:"心有所思,手有所指。"当人们处于紧张、兴奋、焦急等情绪中时,手都会有意无意地做出某些动作。在日常生活中,手的魅力并不亚于眼睛,甚至可以说手就是人的第二双眼睛,我们要善于运用手势语言来合理表达自己的心意。

不同的手势可以传达很多心意和感情:招手致意、挥手告别、拍手称赞、拱手致谢、举手赞同、摆手拒绝等等。可见,通过手势这种无声的语言,可以细腻地传达人们内心的真实想法和感情。比如在人际交往过程中,我们通常认为攥紧拳头暗示进攻和自卫;伸出手指来指点是为了引起他人注意,也会有教训人的意思。因此,恰当地运用手势表情达意,将会为我们的交际形象加分。

在手势礼仪运用过程中,我们尤其要注意以下几点。

一是要注意因区域差异而带来的手势文化差异。不同国家、不同地区、不同民族由于文化习俗的不同,同样的手势也可能会有不同的含义。比如,竖大拇指一般都表示顺利或者赞赏别人,但也有很多例外:在美国和欧洲部分地区,竖大拇指是要搭车的一种表示,在德国竖大拇指是表示数字"1",在日本表示"5",而在澳大利亚就是一种骂人的行为。再比如"OK"形手势的含义,在美国表示"同意""顺利""很好",而法国则表示"零"或"毫无价值",在日本是表示

“钱”，在泰国则表示“没问题”，在巴西却是粗俗下流的表示。可见，手势的运用必须符合当时的场景和情境，入乡随俗，才能做到合乎规范。

二是要注意手势的频率和动作幅度。比如“指手画脚”“手舞足蹈”会给他人带来烦躁不安、心神不定的感觉，甚至于给他人留下轻佻的印象。再比如与他人交谈时，如果反复摆弄自己的手指，活动关节发出“嘎、嘎”的声响，或者是手指动来动去，会令人产生被挑衅、被冒犯的感觉。

三是要避免出现不文明的手势。例如在公共社交场合做一些不合礼仪的手势和动作，会给人留下蔑视对方、没有教养的印象，从而影响彼此的交流与沟通。在谈到别人时，用手指别人，或者背后对人指点都是不礼貌的行为。除此之外，当众搔头皮、掏耳朵、抠鼻子、咬指甲、手指在桌上乱写乱画等行为也被看作十分不雅、不文明的行为。[①]

6.常见的手势礼仪介绍

手势可以说是人体语言中最丰富和最有表现力的体态语言，在日常生活中，人们借助于各种手势来表达想法和感情。下面为大家介绍几种常用的手势礼仪。

(1)请进

欢迎宾客时，首先轻声说一声“您请”，然后可采用“横摆式”的手势。“横摆式”手势要求如下：五指并拢伸直，手掌自然伸直，手心向上，以肘关节为轴，手从腹前抬起向右摆动至身体右前方，要注意不要将手臂摆至体侧或身后。同时，头部和上身微向伸出手的一侧倾斜，另一只手下垂或背在身后，在动作过程中要目视宾客，面带微笑。

(2)引导

为客人引导方向时，可采用“直臂式”的手势。“直臂式”手势要求如下：五指并拢伸直，手心斜向上，曲肘由腹前抬起，向客人目的地的方向摆去，摆到肩的高度时停止。在引导过程中，要注意面带微笑，身体侧向来宾，同时眼睛兼顾所指方向和来宾。

---

① 宁胜克.大学生礼仪教程[M].成都：电子科技大学出版社，2011:103-109.

(3)请坐

接待客人入座时，采用“斜摆式”的手势。“斜摆式”手势要求如下：用双手扶椅背将椅子拉出到合适的位置，然后左手或右手屈臂由前抬起，以肘关节为轴，前臂由上向下摆动，使手臂向下成一条斜线，表示请来宾入座，如图4-6。

图4-6　请进、引导、请坐标准手势礼

(4)递物

递接物品时，应注意用双手或右手接拿物品，手掌向上，主动上前，方便接拿；手指并拢，用力均匀，要做到轻而稳。要注意的是如果递送的是带刀、刃或其他易于伤人的物品时，应有意识地将尖锐处朝向自己。如果递接的是文件、书本等，则应把正面指向对方，方便对方阅读。

(5)鼓掌

在会议、演出、比赛或迎接嘉宾等场合，我们常用鼓掌来表达欢迎、祝贺、支持。在鼓掌时应注意：右手掌心向下，以右手四指有节奏地拍击掌心向上的左手手掌部位。必要时应该起身站立表示尊重。当然，鼓掌要注意时机，在该鼓掌的时候鼓掌，不该鼓掌的时候一定不要鼓掌。在鼓掌的时候不要戴手套。

7. 如何展现优雅的鞠躬？

鞠躬起源于中国古代，据史料记载，在商代有一种祭天仪式“鞠祭”，主要是将祭品牛、羊等整体弯卷成圆的鞠形，再摆到祭处奉祭，以此来表达祭祀者对上天祖先的恭敬与虔诚。这种习俗在一些地方一直保留到现在，人们在现实生活中，逐步用这种形式来表达自己对地位高者或者长辈的崇敬。

鞠躬礼既适用于庄严肃穆或者喜庆欢乐的正式仪式，又适用于日常的社交和商务活动场合。这种礼节一般用于下级对上级或同级之间，主要是向对方表达内心由衷的敬意。行鞠躬礼时应当面对客人，保持微笑，并拢双脚，立正站好，保持身体端正；鞠躬时，将伸直的腰背以臀部为轴心，将上身挺直向前倾斜，这个过程中，脖子不可伸得太长，不可挺出下颏。男士双手放在身体两侧；女士双手交叠放在身前，随着身体向下弯曲，双手朝着膝盖方向自然下垂。在鞠躬的过程中，要注意弯腰速度适中，完成之后抬头直腰，慢而稳的鞠躬礼会让对方感觉很舒服。此外，鞠躬的同时要问好，声音要热情、亲切，如图4-7。

在行鞠躬礼过程中，鞠躬身位度数的不同传达了不同的含义，常见的有15度、30度、45度、90度鞠躬。15度鞠躬，表示问候。主要是运用在一般的应酬场合，如问候、介绍、握手、让座等都可以用15度鞠躬礼。30度鞠躬，表示谢意。45度鞠躬，表示歉意。90度鞠躬属于最高的礼节，表示敬意或者忏悔、改过和谢罪，视线由对方脸上落至自己的脚面处。可见，随着鞠躬幅度的加大，所代表的感情越浓重。在一般的社交场合中，下级给上级、学生给老师、晚辈给前辈、服务人员给来宾致意时，90度鞠躬礼还是比较少见的，15°至45°鞠躬则比较常见。

当然，若是在鞠躬时戴着帽子，则应将帽子摘下，因为戴帽子鞠躬既不礼貌，也容易滑落，使自己处于尴尬境地。此外，鞠躬时目光应向下看，表示一种谦恭的态度，不要一面鞠躬，一面试图翻起眼睛看对方，给人“白眼”，这会产生不尊重的误解，徒增烦恼。①

---

① 千寻. 中国礼仪之鞠躬[J]. 青春期健康，2015(5)：81.

图 4-7　男士、女士标准鞠躬礼

8. 如何展现迷人的微笑？

微笑是人际交往的魔力开关，关于微笑的魅力，有学者曾经说过："在问题还没发生之前，我就用微笑把它笑走了，至少将大问题变成了小问题。当你微笑的时候，别人会更喜欢你，而且，微笑会使你自己也感到快乐。"可见，微笑不仅反映了一个人的内在精神面貌、自信程度，也是一个人礼仪修养的充分展现，从古至今，一个有知识、重礼仪、懂礼貌的人，往往都把笑容当作最好的礼物。

我们说：面带三分笑，礼数已先到。在工作社交场合，当两个陌生人相遇，你首先报之一笑，不仅能够快速消除双方的陌生感，融洽相互关系，还能把你的友好和关怀有效传递给对方，使对方对你迅速产生好的第一印象，增强信任感，缩短双方在感情上的距离。此外，在涉外交往中，语言可能有国界，但笑容是世界的共同语言，即使语言不通，一个微笑也能带给彼此一种会心愉悦的感觉，如图 4-8。

图 4-8　男士、女士微笑

当然一个真正能打动人的微笑是发自内心的笑，它真实自然、亲切大方。要做到“三笑”：嘴笑、眼笑、心笑。面部肌肉放松、眉头自然舒展、嘴唇略呈弧形，亲切自然，目光柔和。此外，笑有微笑、含笑、大笑、狂笑、冷笑、苦笑等不同的形式，它们显然有不同的适用对象，在正式场合选择微笑待人较为合适。我们也应该把握一个原则：当笑则笑。若是氛围很凝重，这个时候不管是哪种笑都是不合时宜的。

微笑的练习方法有很多，照镜子训练法、发声练习法、情绪记忆法、携带卡片法、咬筷子练习法等。这里只跟大家分享一种较为简单的方法：首先放松自己的面部肌肉，随着眉头展开，眼角、脸腮、嘴角向两边拉，然后使自己的嘴角微微向上翘起，让嘴唇略呈弧形。依照微笑的幅度大致可以将微笑分为一度微笑、二度微笑和三度微笑三种：一度微笑是嘴角自然上扬的状态，给人一种自然温和的感觉；二度微笑是嘴角明显上扬，给人一种被亲切关注的感觉；三度微笑则是嘴角大幅上扬，给人一种热情与积极的感觉。在日常的学习生活中，大学生保持一度、二度微笑较为适合，相对较少运用三度微笑。

9.如何做到眉目传情？

人与人之间相互的信息交流，从某种意义上来说就是从目光的交流开始的，可见目光在人们交流过程中起到了非常重要的作用。古人所谓的“眉目传情”“暗送秋波”等词语指的就是通过目光来传递感情。可见，眼神能够明显、自然、准确地展示心理活动，用非语言的形式表达语言难以表现的情感和信息。人们常说“眼睛是心灵的窗口”，可见眼睛能够准确真实地表达一个人的内心世界。坦然、亲切、和蔼、有神的目光常常在他人心中形成好的交际形象。此外，在交流过程中眼神注视他人的部位、时间以及注视角度的不同，不仅传达了自己不同的态度，也显示了交流双方关系的亲疏。

首先，在不同的社交场合中，目光的注视范围也是不同的，我们根据注视区域的不同将凝视分为公务凝视、社交凝视和亲密凝视三种。公务凝视是指注视对方双眼与额头之间的区域，我们也常称之为“小三角”区域，这种公务凝视大多适用于和客户洽谈、谈判等较为严肃的场合。一般不认识的人第一次洽谈往往只能采用公务凝视，这会给人一种公事公办与严谨的感觉。社交凝视是指注视对方唇心到双眼之间的区域，我们称之为“倒三角”区域，这种社交凝视适用于朋友间茶话会、聚会等社交场合，显示了礼貌、友好、尊重的态度。亲密凝视是指注视对方双眼到锁骨之间的区域，也就是“大三角”区域，这种亲密凝视大多用于亲人、恋人等关系较为亲密的成员之间，显示亲密无间的态度。由此可见，在一般的学习、工作场合中，我们应该多采用公务凝视或者社交凝视，营造和谐、礼貌、规范的氛围。[①]

其次，目光注视时间的长短也存在标准与差别。在交流过程中，若双方完全不存在目光与眼神上的交流，则大多是一次失败的交流过程，但若是一直盯着对方不动，也不礼貌。心理学家告诉我们，当你和一个人交流的时候，相互注视的时间占整个交流过程的 1/3 到 2/3 比较合适，既不会给人“目中无人”轻视、蔑视的感觉，也可以避免长时间盯着尴尬的场景。如果双方关系密切，则可以较长时间地注视对方，以拉近心理距离；当然在表示理解、重视、支持、赞同等情形下，也应注视对方，但时间不宜过长。如果盯的时间太长，可以通过眨眼、眼神焦点左右眼轮换等方法巧妙避免尴尬。

最后，目光注视的角度不同也会传达不同的内容。如图 4-9 所示，目光注视的角度往往能准确表达出对他人尊重与否。一般而言，视线向下，可以表达对晚辈的爱护和宽容，但也可表达对他人的轻慢和歧视；视线向上，可以表达弱者的期待之情，也有服从、任人摆布的感觉；而视线水平则表现为理性、平等、自信与坦率，是我们大学生应该常用的眼神。

图 4-9　不同角度的注视

眼能传神，眼也会失神，这就要求我们大学生能够在日常的交往中准确把握眼神注视的部位、时间和角度，切忌注视尴尬区域、贼眉鼠眼、东张西望、目中无人，要为自身赢得一个亲切、真实的印象，学会用眼神向对方表达尊重、敬意。

10. 日常生活中如何用仪态传递你的尊重?

行是知之始，知是行之成。了解了仪态的正确姿势后，更重要的是我们在日常生活中用得体的仪态传达对对方的敬意。如在长者、老师面前的仪态要求

① 蔡建军. 气量是能量更是力量[J]. 中国青年，2013(10)：65.

是：听候嘱咐时，要恭恭敬敬地答应；进出要恭敬严肃、整洁干净；不能打嗝、打喷嚏、伸懒腰；不能单脚站立，或侧目看人等；席宴上的仪态要求是：不要撮饭团，不要喝得满嘴淋漓，不要吃得啧啧作响等。日常生活中，处处都是仪态的展示，这里不再一一举例。总体而言，这些要求体现了孔子所说的一句话：非礼勿视，非礼勿听，非礼勿言，非礼勿动，也就是提倡我们在日常生活中用得体的仪态展现出彬彬有礼的君子风度，尊重别人，也为自己赢得尊重。

五、语言是一种艺术

——沟通中的礼仪

语言是人类最重要的交际工具，是人们进行沟通的主要表达方式。人类把无意义的语音按照各种方式组合起来，形成有意义的语言单位，再把众多的独立语言单位按照各种方式组合成语言语句，也就是创造了语言，用语言无穷变化的形式来表示变化无穷的意义。

此后，为了突破口语所受的空间和时间的限制，人类又创造了语言的视觉形式，也就是文字。对于文字的发明，我国古代便有“仓颉造字”的传说。《淮南子》里说“昔者仓颉作书而天雨粟，鬼夜哭”。可见语言文字真可谓文明的瑰宝。而借助语言，人类又保存和传递着文明的成果，所以说，语言不仅是一种工具，更是一门历史悠久的艺术。

随着社会的不断进化，文化的不断发展，语言的内涵越来越丰富，其艺术性也就越来越鲜明。从词语、短语到成语、俗语，老百姓不断从生活中总结经验、凝练语言，创造了许多有趣的语言说法。比如根据神话传说衍生出的“盘古开天”“夸父追日”“嫦娥奔月”“女娲补天”“后羿射日”“精卫填海”，根据历史典故衍生出的“闻鸡起舞”“惊弓之鸟”“画龙点睛”“胸有成竹”“纸上谈兵”，根据寓言故事衍生出的“刻舟求剑”“拔苗助长”“守株待兔”“亡羊补牢”“南辕北辙”“买椟还珠”“坐井观天”等等；还有“宰相肚里能撑船”“有钱能使鬼推磨”“是骡子是马拉出来遛遛”“当一天和尚撞一天钟”等俗语，都是语言文化的瑰宝。

而除了遣词造句，语言的艺术性更体现在实际交往的运用当中。古人云“一人之辩重于九鼎之宝，三寸之舌强于百万之师”“酒逢知己千杯少，话不投机半句多”，都说明了语言能力的好坏直接决定着沟通的效果。[①]

而在当代社会，随着网络的开放和普及，思想更进步了，社会更开明了，语言表达也变得轻而易举又率性而为。但网络这把双刃剑，同时也使得当代青年在使用语言的过程中，存在着粗鄙、暴戾的现象，这正在影响甚至销蚀着原始语言的神圣和纯洁。因此，对当代大学生而言，学会正确地使用语言显得尤为重要。

语言不仅是我们交流沟通的工具，更是一个人谈吐、气质乃至内在涵养的展现。所以，在这一章节，我们将通过口头语言、书面语言和身体语言三个部分，来阐述语言的艺术，探讨沟通中应当注意的礼仪问题，以期让大家学会得体地交谈、理性地用词和优雅地动作，从而推动社会公共生活的平等、包容、和谐发展。

(一)口头语言

1. 作为大学生社交的基础，交谈的基本原则是什么？

交谈是大学生日常交往的最基本方式之一，无论就餐、馈赠，还是舞会、晚会，甚至求职、恋爱，其过程无时无刻不包含着与他人的交谈。为了更好地与他人交谈，我们可以主要从交谈的态度、语言、内容和方式四方面入手，全方位塑造自己的交谈礼仪。

态度上，发之于心、以诚相待、谦虚热情的态度是普遍受大家欢迎的，亲切自然的表情、自信大方的举止则更会提升个人在交谈中的魅力。

语言上，作为交谈的载体，语言应平易通俗、用语文明、简洁明确。在面对不同对象时，语言风格也应当有所不同。如面对亲朋好友时，可以使用更多亲昵性的语言，而面对普通对象或公务交往时，语言则相应要更正式一些。

内容上，交谈内容往往是一个人品位、志趣、修养和阅历的集中体现，要在符合语境、因人而异的基础上，选择适当的内容。内容的选择上，应根据本次交往的主题、交往对象、所处环境等的特点有针对性地准备，避免出现言不对题的尴尬。

方式上，交谈方式的选择恰当与否，对于能否准确、恰当地传递信息、表达

---

① 天舒.声情并茂：演讲中的口才艺术（上册）[M].沈阳：辽海出版社，2008：17-19.

感情起着相当关键的作用。[①] 一般而言，有六种常用的交谈方式："倾泻式交谈"，即无所不言、言无不尽，可以因势利导地掌握交谈主动权，控制交谈走向；"静听式交谈"，即少说多听、以听为主，更能表现谦恭之意，也能后发制人、以静制动；"启发式交谈"，即在话题的选择或谈话的走向上抛砖引玉、循循善诱，更能体现与对方合作的态度；"跳跃式交谈"，即在谈话无法进行下去时及时转移话题，可以避免冷场；"评判式交谈"，即当面肯定、否定或补充、完善对方的发言内容，重在彼此尊重、彼此理解、彼此沟通；而"扩展式交谈"，即各抒己见、交换意见，可以达到集思广益的效果。

2. 和他人交谈时，如何选择合适的交谈内容？

合适的交谈内容往往能更全面地体现一个人的品位、志趣、修养和阅历。在符合语境、因人而异的原则下，以下三类话题比较适合作为交谈的内容。

(1)文明、高雅的话题：如哲学、历史、文学、艺术、风俗、典故，或政策国情、社会发展等话题。切忌谈论庸俗低级的内容，以及道听途说的小道传闻。

(2)轻松、欢乐的话题：如娱乐、体育、饮食、时装、旅游，或社会热门话题；避免选择那些让双方都可能感到沉闷压抑、悲伤难过的内容。

(3)熟悉、擅长的话题：在交谈中，应选择自己和对方都熟悉、擅长的话题作为交谈内容。选择自己擅长的内容，可以让自己在交谈中得心应手，使对方对自己刮目相看；选择对方熟悉的内容，则可以给对方充分发挥的机会，调动其交谈的积极性。

此外，每个人也都有忌讳的话题，因而在交谈中应当注意回避对方的忌讳，避免引起误会。一般而言，以下五类话题不适合作为交谈内容。

(1)别人的隐私。与人交往时，对于个人的隐私，要避免谈论。比如："你体重多少？""你家房子多大面积？""你一个月的工资多少？""你为什么还不结婚？""你和某领导是不是亲戚？"……对于这些涉及个人隐私的问题，过度打听会引起对方反感甚至愤怒。

(2)对方不熟悉的问题。对于对方不熟悉的问题，还是不问为佳。比如，你问一位知名的书法家："去年发生在本市的肝炎病例是多少？"很可能这个问题

---

① 王义平. 职场礼仪[M]. 上海：同济大学出版社，2009：188-190.

对方就答不上来，从而使问答双方陷入尴尬的境地。

(3)同行的营业情况。同行相忌，在竞争激烈的社会里，人往往都不愿意把自己的秘密告诉竞争对手。

(4)过于刨根问底的问题。与人交谈要注意掌握问话尺度，适可而止。比方说，你问对方住在哪，对方回答“北京”或“上海”，那你就不宜继续追问。如果对方愿意让你知道，他会主动说出他家的具体地址，而且还会说“欢迎你到我家来做客”之类的话；否则，你也就不必多问。

3.与人交谈时，如何称呼别人比较恰当？

作为交谈的第一步，恰当地称呼对方，可以较为容易地让对方感到被尊重。根据称呼性质的不同，可以将常见的称呼大致分为以下六类。

(1)职务性称呼：以一个人的职务称呼，如竺校长、张主任。若一个人有多个职务，则要选择最尊贵的职务名称。

(2)职称性称呼：以一个人的职称称呼，如方教授、刘研究员，选择最高职称称呼。

(3)行业性称呼：以一个人的行业称呼，如张老师、王律师。一般是在不确定其在行业中的职务、职称时使用。

(4)一般性(或性别性)称呼：如吴先生、陈女士。

(5)直接称呼姓名或昵称：一般限于同辈、闺蜜、好友等亲密的人之间。

(6)亲属称谓：明确的情况下，就按照辈分称呼，如“爸爸”“妈妈”“叔叔”等；不确定的情况下，则需自行判定，但要特别注意慎用“大爷”“大妈”之类的称呼。

需要注意的是，这些不同的称呼方式往往是根据不同的场合来进行选择的。比如，在表示尊重的公众社交场合，多采用职务性称呼或职称性称呼；更一般的情况，可使用行业称呼；而一般性(或性别性)称呼，则可以广泛使用在多种场合，但其尊重程度要弱于前面几种称呼方式；而直呼其名的称呼一般则仅适用于关系亲密的人之间；而像“喂”“嘿”“哥们儿”这样的非正规用词，在正式社交场合，绝对是称呼中的大忌。

4.大学生在校园内外有哪些特别应当注意的称呼礼仪？

大学生在丰富多彩的校园生活当中总会遇到各种各样不同身份、不同关系的交往对象。在交往的过程中,对他人的称呼自然是首先应当注意的礼仪,尤其要注意以下五个方面。

(1)熟悉的人之间也要有称呼。有些同学可能会被一些观念误导,以为只要对方知道自己是在对他说话就没有必要称呼他了。其实,很多时候,称呼是为了表示敬重。比如,上学路上看到同学叫个名字或昵称,看到老师就叫一声"老师"等,这在礼仪上都是很有必要的。

(2)在使用第二人称时有讲究。众所周知,用"您"比用"你"要更显尊重,而用"老师您""叔叔您""经理您"等比单用"您"又要更显尊重。此外,用量词"位"也表示尊重,比如称"这位同学"比称"这个同学"更显尊重。

(3)在称呼第三方时有礼节。比如,对老师的妻子可以称"师母",对兄长的妻子称"大嫂";而对领导或前辈的配偶,则可以称呼为"您夫人""您先生"或"您爱人",而不宜称"你老婆""你老公"或直呼其名。

(4)对交谈对象所属事物的称谓中有礼节。如指代对方的姓(名)要称"贵姓"或"尊姓大名",对方的作品可称"大作",对方的观点可称"高见",对方的公司可称"贵公司"等。

(5)对交谈对象的称谓中有礼节。如对方的到来可称"莅临""惠顾",对方的批评可称"指教",对方的解答可称"赐教",对方的原谅可称"海涵",对方的允诺可称"赏光",对方的修改可敬称为"斧正"等。

5.与人交谈时,如何才能自然而巧妙地接近对方?

接近对方,对社交场合而言,是人际关系发生的起点;对商务场合来说,是业务工作的开始。因此,自然而巧妙地接近对方,是交谈能够成功开展的首要因素。[①]

一般情况下,常用的接近交谈对象的方法主要有三种:

(1)问候和寒暄。如对方初次到北京,见面时可以询问对方是否习惯北京的天气和饮食,还可以针对如何避免堵车给出建议,使双方可以快速接近。

(2)请人相互介绍。如果有熟人与对方相识,请人介绍则可以迅速拉近双方的距离。

---

① 杨眉.现代商务礼仪[M].大连:东北财经大学出版社,2009:57-58.

(3)熟记对方姓名。非熟人交谈时,一见面便能准确叫出对方的名字,可以让对方有重视感,瞬间接近对方。

6. 与人交谈时,如何运用赞美的技巧来增加彼此的亲近感?

从心理学的角度,每个人都有一种被赞美的期待。因此,赞美对方可以有效提升交谈效率和效果。不过,在谈论赞美技巧之前,首先要明确,赞美是对他人长处的一种肯定。不符合事实的赞美,不仅起不到赞美的效果,甚至会导致对方感到自己被嘲讽。

赞美的关键核心,在于学会欣赏他人,在于发自内心,在于真诚的意愿,这是赞美的根本"技巧"。具体而言,以下五种赞美的方法,可以让我们对他人的赞美显得真诚、自然而得体。

(1)具体化的赞美。过于空泛、笼统的赞美,往往给人不真诚、虚幻、生硬的感觉,容易使人对其动机产生怀疑。因此,得体的赞美应当是具体化的,可以从细节入手挖掘对方的优点和长处,比如夸赞对方漂亮时,"你的眉眼真有神""你的皮肤简直吹弹可破""你长得像女明星"等就比单纯的"你真漂亮"有效得多;又如称赞对方的能力时,"我很欣赏你总是可以积极看待问题的心态"也比"你很优秀"要显得更为真诚。

(2)渐进式的赞美。在心理学研究中有一种"阿伦森效应",是指人们总是喜欢那些对自己的喜欢、奖励、赞扬不断增加的人或物。也就是说,不断增进的赞美总是会让人感到欢喜的。比如,在赞美正在瘦身的朋友时,可以说"上一次见你的时候,你已经比之前要瘦一些了,这次见你更苗条了"。

(3)投其所好的赞美。赞美他人时最好要对对方的喜好有所了解,这样一来,当对方感兴趣的话题或者事物出现时,适时的赞美就能起到很好的效果。比如,室友穿了一件新衣服,我们就可以适时地称赞"漂亮"或是"有特色"。

(4)从否定到肯定的赞美。这种赞美的用法一般比较少见,但用得恰到好处则可事半功倍,如"我很少佩服别人,你是个例外"等。

(5)配合眼神和动作的赞美。赞美并不一定总是说"好",很多时候,赞许的目光、肯定的手势、友好的微笑等都能让对方感觉到你发自内心的赞美,即使一言不发也能达到满意的效果。

7. 和他人交谈时，采用哪些方法能够比较有效地说服对方？

一般交谈的目的，在于求同存异下的达成共识，而非一定要说服对方。但在某些场合，特别是商务交谈中，说服对方改变原有意见、主张、思想及态度，接受自己的建议，则是不可避免的。

在这种情况下，要说服对方，有以下三种方法可配合使用：

(1)先扬后抑法。考虑到每个人固有的所谓“面子”情结，可以先肯定后否定，或者在肯定的基础上进行局部的否定。

(2)事实例证法。纯粹地正面宣称自己的立场和态度，不足以让人信服，最好可以用事例说话、用数据服人。

(3)反面归谬法。可以通过对比或归谬方法，反面地说服对方，但应注意分寸。

8. 在拒绝他人时，要注意哪些原则和方法？

每个人都是一个独立的个体，而非他人的附庸，因此在交谈中不可能做到有求必应、完全接受对方的要求或邀请。特别是在商务交谈中，由于利益取向等方面的原因，拒绝对方的情况，甚至比承诺和接受还要多，故学习和掌握拒绝的原则和方法十分必要。

拒绝是一件可能会令人不愉快的事，因此在拒绝时应当把握两点基本原则：

(1)用词要文明。尽量使用敬语和文明用语，可以缩小双方的心理距离，从而更加顺利而自然地达到目的。

(2)态度要真诚。在时间允许的情况下，要真诚地说明拒绝的原因，尽量取得对方的理解。千万不要编造谎言来拒绝，因为一个谎言的开始，要用无数个谎言去结束，这是不可取的。

而在具体方法上，以下三种拒绝的方式可供参考。

(1)直接拒绝法。直接向对方表明“不行”的态度，这是最简单最直接的拒绝方式。当然，在表达方式上，可以选择相对较为委婉的说法，比如运用“我很乐意，但是……”类似的句式，既清晰地表达自己的难处，又顾及对方的面子，让对方能够比较容易接受。

(2)暂时回避法。如果对方的要求自己在当下无法实现,可以用时间或地点上的局限为由暂时推脱,比如告知对方“不好意思,现在我真没时间”“很抱歉,我现在不太方便”,给双方一个缓冲的时间。

(3)难题转移法。当自己确实无法接受对方的要求而又不忍直接拒绝时,可以向对方推荐其他的帮忙人选或者其他的解决方法,以期达到皆大欢喜的结果。

9.与人交谈时,你知道“用心倾听”的重要性吗?

在交谈中,用心倾听,不仅能够充分体现出对对方的尊重,而且有利于准确把握对方交谈的意图、传达的信息、流露的感情。

做到用心倾听,主要可以从表情、动作和语言三方面做起。

表情上,倾听时,要全神贯注、用情关注,不要心不在焉。比如当对方谈到伤感的地方时,表情却表现出“愉悦”是绝对不合适的。

动作上,要与表情、语言以及对方交谈的内容相协调、配合,适时地以微笑、点头等动作表达自己对对方交谈内容的关切。

语言上,在倾听对方的讲述过程当中,适时适当地以“嗯”“是”等语气词来与对方呼应,表达自己的用心倾听。

10.与人交谈时,礼让对方时要避免哪些情形发生?

和他人交谈,应以对方为中心,处处礼让,方显尊重。为此,大家要注意避免以下情形的发生。

(1)独白。交谈是一种双向沟通,因此要多给对方发言机会。一个人侃侃而谈的独白,并非有效的交谈沟通。①

(2)冷场。不管交谈的话题是否与自己有关,都应展现兴趣、积极热情地投入其中。如果出现冷场,则要设法转移话题,打破僵局。

(3)插嘴。与他人特别是陌生人交谈时,插嘴打断对方的话是极不礼貌的,即使要发表个人意见或进行补充,也要等到对方把话讲完,或征得对方同意后再说。

(4)抬杠。交谈可以适当地辩论,但固执己见、强词夺理的抬杠则是不可取

---

① 李霞.商务礼仪实务[M].北京:清华大学出版社,北京交通大学出版社,2009:10-13.

的；自以为是、无理取闹或得理不饶人的行为更是有违交谈的原则。

(5)否定。交谈应以求同存异为原则，当面的否定往往会让对方感到不受尊重。只要对方没有违背伦理道德、辱及国格人格等原则问题，都应尽量避免当面的直接否定。

11.如何与父母等长辈进行沟通？

沟通是人与人之间交换意见、观点、情况和感情的过程，这个过程是通过语言和非语言行为来完成的。而与父母长辈的沟通，是我们一生中面临的最重要，也许可能还是最难的一种沟通，具体我们应该注意哪些方面呢？

(1)体谅尊重父母。父母是子女最亲近的人，而平等是建立在尊重基础上的。作为子女不能只要求父母尊重自己，自己更要尊重父母。大学生在外求学远离父母，与父母见面的时间越来越少，应当多给家里打电话，与父母讲一讲自己的近况，关心一下父母在家中的情况。这样会有利于子女与父母之间长期沟通的进行和良好关系的发展。①

(2)掌握沟通技巧。学会换位思考，平等交流，站在父母的立场上思考问题。不管父母是唠叨还是严厉，归根结底都是为了子女好。适时地运用共情，尝试站在父母的立场上，感受父母的心情，可以体会到父母的良苦用心。交流时不要过于急躁，多给父母和自己一些思考的时间，克制对待分歧，避免争吵。

(3)沟通讲究方法。当双方出现意见分歧的时候，强硬的态度不仅无助于解决问题，相反会使问题更加激化。当然，也不能为了避免争吵而不说出自己内心的感受，而是应该委婉地表达出不同的意见，了解双方不同的看法，了解父母的需求和愿望，从而找到让双方满意的解决方法。

12.如何在通电话的过程当中塑造良好的形象？

电话是现代社会人们最常使用的通信手段之一，掌握正确的通话礼仪能使通话双方即使未曾谋面也能在彼此心目中留下良好的个人印象。总体上来说，在使用电话时，我们必须注意以下四个方面。

(1)恰当的通话时间。只有在合适的时间打电话，才会事半功倍。打电

---

① 程聪聪.大学生与父母沟通的对策探析[J].新西部(下旬刊)，2014(4)：130.

话的最佳时间有两个：一是双方预先约定的时间，要提前做好准备，避免到达约定时间时电话占线或关机；二是对方方便的时间，要避开对方可能休息的时间，如每日上午8点之前、晚上10点之后，以及午休时间、节假日等。特别要提醒的是，在打“越洋电话”时，尤其要注意时差问题，以免给对方造成不便。

(2)合适的通话场合。一般情况下，在公共场合不适合拨打或接听时间过长或者较为私密的电话；而在一些应当保持肃静的场所，如电影院、博物馆、音乐厅、会议室、教室等，更必须将电话调成静音或振动模式；如果来电时你所处的环境较为嘈杂，建议走到相对僻静的角落再接听，或者告知来电方稍后回电。

(3)文明的通话行为。无论是拨打电话还是接听电话，都必须保持文明的态度，要先问候“您好”，及时自我介绍，再展开对话；要多使用“谢谢”“请”“麻烦”“劳驾”等礼貌用语；终止通话前要说“再见”道别且要轻挂电话。切忌边吃东西边打电话或在打电话过程中自顾自处理其他事情。①

(4)紧凑的通话内容。通话内容是通话的核心部分，在正式社交场合，通话内容应当简明扼要，简单的问候和介绍完毕后，即应开宗明义、直奔主题，少讲空话、不说废话。拨打电话时，可以提前把要传达的内容要点列个提纲或者打好腹稿，以确保在通话时不会出现丢三落四、缺少条理的情况；接听电话时，对于对方提供的关键信息，可以及时做好笔录，条件允许的情况下还可以向对方复述一遍，以验证自己的记录是否准确。如果是代接电话，则必须记录清楚来电者的姓名、身份以及要传达的具体内容，最好还能记录对方的联系方式，还要注意及时传达，以免因忘记而误事。

(二)书面语言

除了口头语言，书面化的函件、信件、邮件等也是当代社会十分常见的沟通方式。函件根据其用途又有很多不同的种类，常用的有联络函、通知函、确认函、感谢函、推荐函等；信件主要是指书信，在当前使用度较低但仍是大家应当了解的书面语言；邮件是当下最为常用的沟通途径之一，可以说是传统书信的

---

① 周敏.现代公务礼仪[M].杭州：浙江大学出版社，123-126.

电子化，但又有其独特之处。

1.“联络函”应如何把握？

联络函，是平时用以和他人保持联络的一种专用信函。其目的不仅在于增强自己的存在感，而且在于与他人保持联络，加深对方对自己的印象，逐渐培养对方对自己的好感。例如图 5-1。

联络函

××××礼仪与形象管理中心：

时值年末，我司谨以最诚挚的谢意向贵单位全体老师致以新年的问候！

过去一年，在贵单位的大力支持下，我司顺利邀请到英国伦敦礼仪培训学校的 ××××和××××两位资深礼仪导师专程来华授课，成功举办了国际商务礼仪专业师资培训，受到了业界的广泛好评。此外，在与贵单位的深入交流中，我司的运营理念与管理制度等也得到了进一步的提升与完善。

衷心感谢贵单位对我司的关心、理解和支持！希望未来我司能与贵单位进一步加强合作，共同传承和发扬中华礼仪文化。

××××教育咨询有限公司

20××年12月31日

图 5-1 “联络函”样图

一般而言，写联络函应注意以下五个方面：

(1)寻找适当的理由。不要让对方觉得突然或牵强，要学会借助节日祝贺、讨教难题等话题。

(2)表达对对方的关注。信中首先要向对方表达自己诚挚的关心，例如祝贺对方取得的成就等。

(3)介绍自己的状况。向对方通报自己及所在学校的现状或发展情况，既可使对方加深对你的了解，也可使对方感受到你对他的信任。

(4)表达合作意图或说明具体事宜。可大致表达自己希望与对方进一步交往、合作的具体意图，也可大致透露自己希望与对方一起开展的事宜等。

(5)把握友善的分寸。联络函篇幅宜短，语气要友善，主题应是联络感情。

2.“通知函”应如何写作？

通知函，也称告知函，主要用以向对方通报某项具体事务及其进展情况(如图 5-2)。

关于聘任贵校××等同志担任2016年二十国集团中国峰会志愿者通用培训培训师的函

××大学：

根据省教育厅和团省委《关于做好 2016 年 G20 杭州峰会志愿服务工作的通知》要求，2016年二十国集团中国峰会志愿者通用培训工作将于3月10日至3月30日按期进行。

经各高校推荐和卫志部试讲选拔，拟聘任贵校××等18名同志（具体名单另附）担任本次峰会志愿者通用培训培训师。

由衷感谢贵校对峰会志愿者培训工作的大力支持！

特此函！

2016年二十国集团中国峰会

医疗卫生与志愿者服务部志愿服务组

2016年3月6日

图 5-2 “通知函”样图

一般而言，写通知函应注意以下三个方面的事项：

(1)介绍客观情况。通知函的主要作用是向有关方面通报某一事态的发展、变化，不宜展开过多评价性的表达。[①]

(2)介绍的连续性。通知函要注意与此前的有关函件相呼应，以便使自己的介绍有头有尾、连贯一致。

(3)表达简洁明了。通知函应简明扼要，清楚地介绍情况，但语气也不能太生硬。

3.“确认函”应如何写作？

确认函是指专门为确认某事而向对方寄送的信函。它在写作上具有更高的规范性要求。如图 5-3。

确认函

××××礼仪与形象管理中心：

我司已于20××年4月10日收到贵单位报名参加国际商务礼仪专业师资培训的学院信息名单（具体名单另附），共13人，特此确认！

我司将于20××年4月21日至23日在××省××市××××××××大酒店举办国际商务礼仪专业师资培训。课程将由英国伦敦礼仪培训学校的××××和××××两位资深礼仪导师讲授。届时，我司将为参训学员提供相关学习资料（含礼仪导师手册、课程要点大纲图解、有关礼仪文章、阅读指南等）。

望贵单位有关学员能准时参加所有课程。若学员通过培训后的考核，我司还将发放英国伦敦礼仪培训学校国际商务礼仪专业师资培训结业证书。

联系人：×老师
联系电话：（××××）×××××××××

××××教育咨询有限公司
20××年4月11日

图 5-3 “确认函”样图

① 李展.职场文书写作[M].北京：北京大学出版社，2011：109-113.

一般而言，写确认函应注意以下四个方面的事项。

(1)明确要确认的事项。这是确认函的核心内容所在，故应反复核对，确保不发生任何差错。[①]

(2)列出相应的附加条件。凡对所确认的事项附加各项具体条件的，应在确认函中向对方说明清楚。

(3)陈述自己对此的立场。应向对方承诺自己将遵守约定，并保证绝不随意对此反复或临场变卦。

(4)要求对方给予确认。确认函中可要求对方进行确认，也可签署意见。

4."感谢函"应如何写作？

感谢函是指专门为感谢某人或某单位而出具的一种信函。一般而言，收到礼物、出席宴会、得到关照之后，都可向对方寄送一封感谢函。如图 5-4。

2016年二十国集团杭州峰会
志愿服务培训工作感谢函

××××礼仪与形象管理中心：

2016年二十国集团杭州峰会于9月成功举办，贵单位为峰会会场志愿者培训工作作出了积极贡献。

特致此函，以资感谢！

2016年二十国集团中国峰会医疗卫生与志愿者服务部

二〇一六年十月

图 5-4 "感谢函"样图

一般而言，写感谢函应注意以下三个方面的事项。

---

① 李展.职场文书写作[M].北京：北京大学出版社，2011：114-118.

(1)内容简练。感谢,往往不必长篇大论,只要在信中将自己的感谢之意表达清楚即可。

(2)注意时效。最好在事情发生后的24小时内发出,及时感谢为好。

(3)面面俱到。如果要感谢的对象不止一人,则一定要向所有应给予感谢的人一一感谢,不要遗漏。

5.“推荐函”应如何写作?

推荐函是指专门向其他单位推荐某位人士的一种信函,一封有力度的推荐函,往往能很好地帮助被推荐者脱颖而出。有时,也可以是自荐。如图5-5。

关于推荐2016年二十国集团中国峰会
志愿者通用培训培训师的函

2016年二十国集团杭州峰会医疗卫生与志愿者服务部:

2016年二十国集团杭州峰会召开在即,峰会志愿者培训工作想必是当前阶段的筹备重点之一。鉴于贵单位的需求,特此推荐××××礼仪与形象管理中心相关师资担任此次峰会志愿者通用培训的培训师。

××××礼仪与形象管理中心是在×××××××××××指导下成立的组织,致力于加强大学生德礼教育,进而促进学生全面发展。中心自2014年3月29日正式成立以来,始终秉承“德礼相济·博雅修身”理念,定期面向全校所有学生开设“德礼相济·博雅修身”礼仪与形象管理培训班,现已累计招收参训学员667人,组织讲座61场,工作坊35场,间接辐射和影响学生近万人,受到了全校师生的广泛关注和好评。该项目还成功入选“2013年全国高校辅导员精品工程项目”、“2014年第三节校园文化建设优秀品牌项目”,受到新华网、中国广播网、中新网、新浪网、青年时报、杭州电视台、求是新闻网等多家校内外媒体的竞相报道和转载,在校园里掀起了形象管理和礼仪培训的热潮。

××××礼仪与形象管理中心的负责人××老师是国内礼仪与形象管理领域的资深专家,先后获得国际注册高级礼仪讲师、GCDF全球职业生涯规划师、色彩形象顾问等多项资质,并多次受邀到全国各地讲授礼仪与形象管理课程,传播礼仪与形象管理文化。中心的其他师资主要由在职辅导员组成,通过工作坊实践、工作室研讨、辅导员外训等环节,根据自身的特点和优势发展业务专长,形成了一支能组织活动、能上台授课的立体化团队。据不完全统计,中心师资已受邀为校内外各类大学生群体授课200余场,累计时长近千小时,直接受益人数逾两万人次。

××××礼仪与形象管理中心业已具备丰富的培训师资基础及授课经验,特此推荐中心师资担任2016年二十国集团中国峰会志愿者通用培训培训师,望贵单位予以慎重考虑!

特此函!

××××礼仪与形象管理中心

2016年1月6日

图5-5 “推荐函”样图

一般而言,写推荐函应注意以下四个方面的事项:

(1)介绍自身情况。应简要介绍自己的情况,并对自己与被推荐者之间的关系略加说明。①

(2)评价被推荐者。这是推荐信的核心内容。应全面、客观地介绍被推荐者的基本情况,尤其是优点、能力、阅历与业绩。同时,如能做出比较全面的评

① 李展.职场文书写作[M].北京:北京大学出版社,2011:38-56.

价，则能提高可信度。

(3)附上资料。为便于用人单位对被推荐者的进一步了解，一般在推荐信后会附上被推荐者的简历、证书等资料。

(4)感谢收信者。对收信者的问候和感谢自然是必不可少。

6. “书信”应如何写作？

写信时要给人留下良好印象，就必须要以礼敬人，要尽可能地使自己的信件礼貌、完整、简洁、准确。如图 5-6。

亲爱的中心老师：

您好！

时光如梭，年末又至，××××礼仪与形象管理中心与您一同走过了又一个满载收获的春秋，在您的见证与参与下，中心在2016年顺利完成了第六期、第七期和第八期的博雅礼仪培训，举办了博雅酒会舞会，并承担了G20杭州峰会志愿者培训等重要工作。此外，中心2016年还在制度建设上取得了重大突破，成立的三大工作组各司其职，使得中心的各项工作得以更加有序、高效、规范地开展。

中心一路走来的成长离不开每一位老师的信任与支持。未来，让我们继续携手，一同为中心“德礼”事业的传承与发扬添砖加瓦。

祝您：

身体健康、工作顺利、阖家幸福、万事如意！

××××礼仪与形象管理中心

2016年12月31日

图 5-6 “书信的格式”样图

具体而言，写信应注意以下三个方面的事项。

(1)开头。必须要有对收信人的具体称呼，可使用“尊敬的”“敬爱的”等敬语修饰，顶格写；接着要对收信人进行问候，另起一行，开头空两格写。

(2)正文。另起一段，开头空两格写。这是信的核心内容所在，一般情况下，正文中每提及一件事，应当另起一段，以便层次清晰，使收信人一目了然；要言简意赅、适可而止，不能洋洋洒洒、无休无止；同时还应注意用词和符号的规范，不得出现错字、别字、漏字、网络语言或自造字等。

(3)结尾。应有结束语、祝福语，以及落款。落款包括自称、署名和日期三部分，如“学生×××上××××年××月××日”。

7. 发送电子邮件时尤其应当注意哪些细节？

电子邮件除了要遵循书信的基本格式之外，还应当注意以下几个细节(如图 5-7)。

(1)主题。电子邮件在收件箱列表中首先显示的便是主题，因此，在发送电子邮件时，主题必须写，而且要求简短精确，让人能对邮件的核心内容一目了然；必要时，还可在主题中注明该邮件截止回复的时间，以便引起对方的充分注意。

主　题:	来自礼仪与形象管理中心的问候
发件人:	lyzx@zju.edu.cn 20××-12-31
收件人:	lyzxteacher@zju.edu.cn

亲爱的礼仪中心老师您好！

时光如梭，年末又至，××××礼仪与形象管理中心与您一同走过了有一个满载收获的春秋。中心一路走来的成长离不开每一位老师的信任与支持。

祝您身体健康、工作顺利、阖家幸福、万事如意！

××××礼仪与形象管理中心

20××年12月31日

图 5-7 “电子邮件”样图

(2)附件。附件往往是内容复杂的邮件的重要资料来源,为了更加清晰地呈现附件的内容,上传附件时必须先将其命名;若材料过多,建议先将所有材料归整到同一个文件夹,压缩后再以附件的形式上传。

(3)签名。大部分电子邮箱设有签名功能,这是让收件人迅速了解发件人个人信息的重要来源,因此,签名中建议写清自己的姓名、职务、地址、联系方式等,以便对方能及时联系反馈相关信息。

【小专题】微信礼仪知多少

在当前这个快速阅读的信息化时代,微信已成为广大青年群体最为常用的沟通联络方法。作为沟通方式中的一种,在使用微信时,也应注意相应的礼节。

首先,应当有称呼。有礼貌的称呼体现的是对收信人的尊重。

其次,内容应当简洁明了。微信是依托于移动端的沟通方式,文字内容应当尽量简洁,用最精练的语言说明所有要点,切忌篇幅过长,因占据过多页面而增加阅读难度。

再者,指令应当明确。尤其是通知类的信息,必须写明时间、地点、事项,以及是否需要回复、何时回复等关键信息。

此外,使用微信时还应特别注意:在正式沟通的场合,应尽量避免使用语音。因为在一般的办公或学习情景下,是不方便使用语音外放功能的。所以,在不确定对方所处环境的情况下,应优先选择使用文字信息。在沟通的过程中充分考虑对方的方便性,也正是沟通的基本原则之一。

最后,还应注意微信表情的使用。在发送文字的过程中,适当地使用表情有助于更好地表达当下的情绪,但要注意不能滥用表情包,尤其不能使用过于恶搞或低俗的网络表情包,应当注重营造健康向上的微信网络氛围。

(三)身体语言

1.哪些身体语言细节可能会体现出你的沟通态度?

首先,倾听是交谈的基础,交谈中务必认真聆听对方的发言,通过表情举止的配合表达自己的尊敬,切忌对对方的发言不闻不问;其次,交谈中要谨慎插话，尽量让对方把话说完再发表自己的看法，确实要插话的，应先致歉示意，并且不可冗长；再次，交谈是一个双向的交流过程，需要双方参与，故在自己发言的同时也要给对方发言的机会，对方发言后自己也应发表个人看法。

当别人在进行个别交谈时，一般不应凑上去旁听；若有急事确需与其中某人说话，应向对方打招呼并表歉意后，方可进行简短交谈。如果想加入别人的谈话，应先打招呼，征得同意后方可加入；若他人想加入自己的交谈，则要以握手、点头或微笑表示欢迎。

2. 沟通中哪些身体行为有助于展现良好的自身形象？

（1）注视。无论和谁做任何形式的交流，都直视对方的眼睛，并保持一两秒，不过也别死盯着人家。要想使对方对你有信心，这是个快速的办法。

（2）微笑。首先，微笑能把你的友好和关怀有效地传递给对方，使对方能迅速产生良好的第一印象，消除尴尬。其次，微笑可以消除对方的陌生感，融洽与对方的关系。再次，微笑可以增强信任感，缩短双方在感情上的距离。我们平常可以多练习微笑。微笑多了，也就变得更加自然而然，还可以用自己积极的心态来影响、感染周围的人。

3. 沟通中如何才能做到表情自然和举止得体？

表情，即一个人的面部（五官）神态。表情的自然和谐，首先要有专注的目光。在交谈过程中，应当注视对方并通过目光及时给予回应。眼神不能呆滞或者飘忽不定，更不能流露出不耐烦或者不尊敬的神色。其次要适当运用眉毛、嘴巴等的形态变化，表达自己对对方的赞同、理解、惊讶、疑惑等感情。此外，在一般情况下，保持微笑的表情对于提升沟通的效果能起到意想不到的作用。

举止，即一个人的肢体动作。得体的举止，一方面，需要适度的必要动作，如发言者可以用适当的手势补充说明其要阐述的事由，倾听者可以通过点头、微笑来表达尊敬对方的信息；另一方面，又要避免过分的多余动作，如交谈时不能手舞足蹈、拉拉扯扯、左顾右盼，更不能高跷二郎腿、用手指指人，甚至打哈欠、挖耳朵、剪指甲等。

4. 沟通中有哪些手势语言要慎用？

得体的手势可以在沟通中起到辅助和强化的作用，不得体的手势语言则适得其反。在与人交谈的过程中，有以下四种常见的手势容易引起他人的误会，使用时要谨慎。

单手指点：和别人说话时拿手指指点别人是非常不礼貌的，指着别人身体有教训之嫌，指着别人鼻子和脸更是有侮辱之意，都是不可取的。

双手托腮：这个动作通常带有撒娇的成分，但若谈话时做出这个动作，则有对谈话内容无所谓或感到无聊之嫌，也会有想转移话题或抗拒的意味，不建议使用。

双手环抱：这是肢体形态中最常见的一种，但从潜意识里，这是一种防御式的姿势，并给人以距离感，在正式场合也是不建议使用的。

双手叉腰：这个动作常出现在剑拔弩张的场面中，大多是展开攻击的信号，常代表抗议、挑衅、进攻的意思，女士较男士更容易做这个动作。这一动作事实上不适用于日常的交谈中。

5.社交场合的身体语言禁忌有哪些？

(1)不要在人前打哈欠。打哈欠会给别人留下不耐烦的印象，使得你先前的言行举止很可能被看成虚伪的自我炫耀。①

(2)不要在人前掏耳、挖鼻。这些小动作在公众场合是十分失礼的。如果真的痒得难受，不妨暂时离开并表示歉意。

(3)不在别人面前抖动双腿。这个动作不但会使对方在视觉上不舒服，而且也会向他人传递不安定的情绪。②

(4)未拉(系)好拉链和鞋带。鞋带没有系好或是裤子拉链忘记拉上，在公众场合是有伤大雅的事件。

(5)不要耳语。在众目睽睽下与同伴耳语会被视为不信任在场人士所采取的措施，不但招人注目，而且会令人对你的教养表示怀疑。③

(6)不要突然放声大笑。在社交场合要保持仪容仪态，最多报以灿烂笑容即可。

---

① 王路.肢体语言：展现个人魅力[M].北京：海潮出版社，2005:35-60.

② 董保军.中外礼仪大全[M].北京：民族出版社，2005:48-59.

③ 陈双喜，巴丽，杨爱兰.中国：国际商务谈判[M].北京：中国商务出版社，2006:21-30.

六、饮食是一门学问

——餐桌上的礼仪

宴饮是人际交往的重要手段，一般总是包含在人际交往的过程之中，成为其中的某一道程序。许多人在一起吃饭，不仅仅是为了吃饭，更主要的是为了交际，为了满足参与者渴望与外界加强联络、与别人保持融洽关系的一种愿望，这就是宴饮。自周代周公制礼，现在我们在《仪礼》中就可以读到"乡饮酒礼""燕礼""公食大夫礼"等章节[①]，这些都是专述古代宴饮礼仪的，即现代通常所讲的餐饮礼仪。

儒家经典《礼记》中明确指出："夫礼之初，始诸饮食"，认为饮食活动中的行为规范是礼制的发端。关于这一观点，国外学者也表现出了十分浓厚的兴趣。英国学者威廉·罗伯逊·史密斯认为，图腾制是由一种叫"图腾餐"的祭祀仪式发展而来的，"图腾餐"是神与神的崇拜者之间"共餐"，即坐在同一张桌子上进餐，这本身就是一种礼貌的表现。世界上许多民族礼的起源大都与饮食有关，可以说，《礼记》中"夫礼之初，始诸饮食"与史密斯的"共餐"制的说法有相似之处。由此我们不难发现，人类关于礼的起源的认识与实践是十分类似的。他们都认为人与人之间关系的亲密莫过于"吃的是一锅饭"，如中国先民们就将那种分立门户、自成一体的做法，视为另起炉灶、感情淡薄的表现，因而饮食筵宴就成了中国人联络感情、增进友谊的主要手段。在此基础上，各种饮食礼节也就产生了。（选自2016年1月22日《光明日报》，作者姚伟钧，《食与礼》，有删节）

---

① 顾希佳.社会民俗学[M].哈尔滨：黑龙江人民出版社，2003：38-40.

(一)中餐礼仪篇

1. 你知道中国饮食文化及宴饮的起源与特点吗?

(1)宴饮起源

中国的宴饮起源于社会及宗教发展的朦胧时代。早在农业出现之前,人们对于自然界的各种变化就充满了敬畏,认为是某种神秘的力量主导和控制着这一切,所以,原始氏族部落就在季节变化的时候举行各种祭祀、典礼仪式,把当时人们最为珍贵、最好的食物拿出来供奉给这种神秘力量,以此祈求获得庇佑。

随着历史持续向前推进,阶级的出现进一步推动了宴饮文化的历史发展。随着人类社会的发展,人们逐渐发现除了神秘力量外,首领和有身份的人也可以给予自己庇佑。因此,人们在用珍贵的食物供奉神秘力量的同时,开始转而借助这种方式供奉周围有可能提供给自己庇护的人。慢慢地,宴饮逐渐在人类的生活中出现。最初的宴饮仅仅在上层社会、宫廷贵族中发生,很长一段时间后再逐步扩展至民间社会,这当然也跟当时的社会物质丰富程度和人们所掌握的资源是分不开的。

(2)宴饮特点

宴饮在漫长的发展变迁中,形成了纷繁复杂的宴饮礼仪文化。有文字记载,从最初的周公制礼和《诗经》中的宴饮诗,到《论语》中的"食不语,寝不言"以及《礼记》中的"夫礼之初,始诸饮食"等,从不同层面、不同角度对中国的宴饮文化进行了丰富和完善,并最终以文字和制度的形式传承至今。悠久的历史发展,也使得中国的宴饮文化呈现出了不同于其他国家的显著特点,具体主要体现在以下几个方面:

- 以酒水为中心
- 注重席次安排
- 讲究进餐礼仪
- 菜肴品种繁多

● 讲究出菜顺序

● 促进人际交往

2. 中式餐饮中常见的聚会宴请方式有哪些?

中式餐饮聚会按规格分,主要有四种方式:宴会、家宴、便餐、工作餐(自助餐)。

(1)宴会。通常指的是以用餐为形式的社交聚会,一般可以分为正式宴会和非正式宴会两种类型。正式宴会,是一种隆重而正规的宴请。它往往是为宴请专人而精心安排的,在比较高档的饭店,或是其他特定的地点举行的,讲究排场、气氛的大型聚餐活动,对于到场人数、席位排列、菜肴数目、宾主致辞等,往往都有十分严谨的要求和讲究。非正式宴会,也称为便宴,同样适用于正式的人际交往,但多见于日常交往。它的形式从简,偏重人际交往,而不太注重规模、档次。一般来说,它只安排相关人员参加,对席位排列、菜肴数目往往不作过高要求,也不安排宾主致辞。①

(2)家宴。即在家里举行的宴会。相对于正式宴会而言,家宴最重要的是要制造亲切、友好、自然的气氛,使赴宴的宾主双方轻松、自然、随意,彼此增进交流,加深了解,促进信任。通常,家宴在礼仪上往往不作特殊要求。为了使来宾感受到主人的重视和友好,基本上要由女主人亲自下厨烹饪,男主人充当服务员;或男主人下厨,女主人充当服务员,来共同招待客人,使客人产生宾至如归的感觉。②

(3)便餐。与每个人常规的每日三餐区别不大,用便餐的时间、地点、人物往往都具有较强的随意性,礼仪讲究也最少。只要用餐者讲究公德,注意卫生、环境和秩序,在其他方面就不用介意过多。

(4)工作餐(自助餐)。是在商务交往中具有业务关系的合作伙伴,为进行接触、保持联系、交换信息或洽谈生意而以用餐的形式进行的商务聚会。它不同于正式的工作餐、正式宴会和亲友们的会餐,它重在一种氛围,意在以餐会友,创造出有利于进一步接触的轻松、愉快、和睦、融洽的氛围。工作餐是借用

---

① 彭文武,刘杰.社交礼仪[M].西安:世界图书出版西安有限公司,2008:29-50.

② 季辉.商务礼仪[M].重庆:重庆大学出版社,2008:46-70.

餐的形式进行的商务活动，以餐桌充当会议桌或谈判桌。工作餐一般规模较小，通常在中午举行，主人不用发正式请柬，客人不用提前向主人正式进行答复，时间、地点可以临时选择。[①] 自助餐来源于西方的现代用餐模式，本身就是一种相对轻松自由的用餐方式，而中式自助餐则将其进一步简化，其性质和内容与工作餐、便餐相似，只是用餐的方式不同罢了。

以上四种对进餐礼仪的重视程度和方式不尽相同，本篇章中探讨的餐饮礼仪方面的问题仅针对普遍性较高的宴会礼仪和一些相对普遍性的礼仪问题展开。

3. 中式餐饮邀请、赴宴、迎接、入席都有哪些礼仪注意事项？

一场相对比较正式的中式餐饮宴会，往往在邀请、迎接、入席等方面有着许多礼仪注意事项。若在具体操作过程中未能掌握这些，则很有可能引起宾客不悦，甚至影响宴会交际的正常进行，从而也无法达到宴会目的。

(1)邀请。一场相对比较正式的宴请，一般要提前两周向宾客发出邀请意向。俗话说："三天以上谓之请"，邀请得越早表示越诚恳，过些日子适当提醒一次，必要时还要派人接客。邀请时要告知对方本次宴请的缘由以及其他可能参与本次宴请的人员，结合宾客自身的意愿和其他实际情况，初步确定宴请的具体时间、方式等，之后再准备发出正式邀请。正式邀请一般要包括活动的主题、形式、时间、地点，提前一周发出，在口头邀请的基础上配以短信、微信等书面邀请的方式最佳，这样既符合礼节，又方便客人备忘。切忌临时发出邀请，如你 19 点开始的宴会活动，18 点 30 分才给别人发出邀请，还说一些"给个面子啦""不来不够朋友啦""之前忙忘记了"之类的话，这样既失礼又伤害朋友情谊。

(2)赴宴。赴宴也是有礼节的。一是要适当注意自身形象的修饰，不可蓬头垢面、邋里邋遢过去，那样不仅影响个人形象，更为关键的是影响所有赴宴人员的心情；二是到达的时间也要合理掌握，去迟了大家都等你，主人也会不高兴，去得太早，对主人的准备工作造成压力，也有失风度，所以适时到达为宜。

---

① 彭文武，刘杰. 社交礼仪[M]. 西安：世界图书出版西安有限公司，2008：37-60.

(3)迎接。一般情况下，主人要早于宾客到达宴请的地点进行等待，避免宾客等待主人的现象出现。根据邀请宾客的尊贵程度，迎接也要分两种情况：一是宴请领导、上司、对自己提供帮助的人，一般主人要亲自到宴请地点的门口出迎；二是宴请同级身份的人，一般主人要派出自己的随同人员出迎。宴请的迎接中，主人一方要尽量避免出现在房间里“坐等”的现象。

(4)入席。一到宴请地点，未等主人安排就贸然直接入席也是十分失礼的。一般情况下，要等待宴请的宾客到齐和开始上菜时，再根据主人的安排入席就座。在等待的这段时间，可以在旁边的茶歇区休息，与主人围绕一些轻松话题开展沟通交流，在愉悦心情的同时还可以增进感情，也为之后开心顺利的就餐做好了铺垫。

对于自己的同学或非常要好的朋友之间举办的宴会聚餐，一般都可以轻松随性一些，不用过多拘泥于以上环节中的礼仪形式。

4. 中式餐饮宴请中点菜的奥秘知多少？

在中式餐饮的宴请过程当中，点菜是十分重要的一个环节，是一场宴请是否成功的关键性的因素。成功的菜品安排，会使整个宴请起到事半功倍的作用。点菜形式主要有两种，一是在所有宾客到齐之前，由主人或邀请人点菜；二是在宾客到齐后，征询宾客意见，可以传阅菜单进行点菜，可以请主宾点菜，也可以由主人负责点菜。点菜时间和形式应灵活掌握，一般情况下正式宴请都采用第一种点菜方式，朋友、同学聚会等比较随性的聚餐，一般会采用第二种点菜方式。

首先要了解中餐的菜品情况。

具体如何点菜，有一些基本的原则可以遵循。

原则一：了解菜系。从菜系看，中餐根据区域分布、烹饪方法和口味特点，有川菜、鲁菜、粤菜、苏菜、浙菜、闽菜、湘菜、徽菜“八大菜系”；从种类看，有“大菜”和“小菜”之说。所谓大菜，主要是指原料考究、配料多样和烹调精湛的菜品，如“佛跳墙”“西湖醋鱼”等；所谓小菜，辅助佐餐，烹调简单灵活，如“泡椒凤爪”“糖拌番茄”等。

原则二：了解宾客。首先了解参加宴会的人数，一般情况下每桌凉菜数量在6～8道，热菜数量保证人均不少于1道；其次了解主宾的生活习惯和饮食特点，在突出当地特色的情况下，兼顾主宾所在地方的菜系和口味特点；最后了解宾客的尊贵程度以及主人的重视程度，在菜品种类、价格等方面的考虑就可以更周全。

原则三：注意时节。一年中不同的季节或一天中不同的时间，点菜种类亦应有所差异，如不同的季节会突出当季的时令菜品，当然夏天的中午人们也一般很少吃火锅或很辣的菜。

原则四：科学搭配。一次正式的宴请聚餐，点菜时一定要注意冷热搭配、荤素搭配、红白搭配。红白搭配，即荤菜中，应注重红肉（猪肉、牛肉、羊肉）与白肉（鸡肉、鸭肉、鱼肉）的搭配。

原则五：重视禁忌。即注意是否有民族禁忌或个人禁忌的情况，如穆斯林禁食猪肉，有些人会对海鲜过敏，外国人一般不喜欢动物内脏类的食物，等等。

掌握点菜奥秘，可以使你在工作生活中遇到类似场景时做到游刃有余，更有可能因此在同事、领导或者导师的心目中增加一份好的印象。当然，点菜奥秘也仅是指一般规律，需要我们在实际践行的过程当中灵活掌握和运用。

※中餐八大菜系※

菜系，也称“帮菜”，是指在选料、切配、烹饪等技艺方面，经长期演变而自成体系，具有鲜明的地方风味特色，并为社会所公认的中国饮食的菜肴流派。中国汉族饮食文化的菜系，是指在一定区域内，由于气候、地理、历史、物产及饮食风俗的不同，经过漫长历史演变而形成的一整套自成体系的烹饪技艺和风味，并被全国各地所承认的地方菜肴。早在春秋战国时期，中国汉族饮食文化中南北菜肴风味就表现出差异。到唐宋时，南食、北食各自形成体系。发展到清代初期时，鲁菜、川菜、苏菜、粤菜成为当时最有影响的地方菜，被称作“四大菜系”。到清末时，浙菜、闽菜、湘菜、徽菜四大新地方菜系分化形成，共同构成中国汉族饮食的“八大菜系”。鲁菜以山东地区为代表，以清香、鲜嫩、味纯著称，一菜一味，百菜不重，尤重制汤、烹饪海鲜；川菜以四川重庆地区为代表，以“味”闻名，味型较多，富于变化，以鱼香、红油、怪味、麻辣较为突出；苏菜以江苏地区为代表，选料讲究、刀工精细、口味偏甜、注重造型、原汁原味，擅长炖、焖、烧；粤菜以广东地区为代表，用料广博，选料珍奇，讲究清而不淡，鲜而不俗，嫩而不生，油而不腻；浙菜以浙江地区为代表，口味清鲜，突出本味，强调原料鲜嫩，现取现做；闽菜以福建地区为代表，清鲜，淡爽，偏于甜酸，尤其讲究调汤，汤鲜、味美，汤菜品种多，具有传统特色；湘菜以湖南地区为代表，特别讲究调味，尤重酸辣、咸香、清香、浓鲜；徽菜以安徽地区为代表，重油、重色、重火工，芡重，色深，味浓。除“八大菜系”外，还有一些在中国较有影响的菜系，如：东北菜、本帮菜、赣菜、鄂菜、京菜、冀菜、豫菜、客家菜、清真菜等菜系。

5. 中式餐饮宴请中上菜与就餐顺序都有哪些讲究？

中餐上菜顺序一般是：先上冷菜，再上热菜，最后上主食、点心和水果。因此，在看到点心和水果上齐后，便意味着菜已上齐，此时无论何种情况，都应表现出十分满意本次用餐的状态，以免引起邀请人的误解和尴尬。在上菜过程中，服务员一般都会比较注意菜盘的摆放顺序，如冷热相间、荤素相间等。此时，在服务员上菜过程中，遇到不方便之时，偶尔一个不经意的帮忙，可以让你倍显风度。如：在河南等北方地区，冷菜是人们用于饮酒交流的一个重要环节，一般主方不主动要求，热菜是不能随便上桌的，因为热菜一上桌，便意味着饮酒交流接近尾声，宴请的主体部分随即将结束。当然，随着当今区域文化融合的加深，社会生活节奏的加快，这种具有显著特色的上菜顺序已逐渐减少，全国不同区域习惯逐渐融合，整体呈现出“先冷菜后热菜，再主食、点心、水果”的特征。

就餐顺序在中式餐饮礼仪中具有举足轻重的地位。小的时候，我们经常会被家人教导：“爷爷奶奶爸爸妈妈都还没有动筷子，小孩子是不能随便动筷子的。”这一教导十分形象生动地说明了就餐顺序在中国传统礼仪文化中的作用，爷爷奶奶爸爸妈妈作为家中受晚辈尊敬的长辈，被赋予了这样的优先权利。目前，中式餐饮宴请也是基本遵循“尊者先就餐（动筷）”这一规范。具体操作过程当中，在大家正式就餐（动筷）之前，主人会有一个简单的致辞（敬酒），之后会邀请最尊贵的来宾先就餐（动筷），接着其他用餐人员才开始就餐（动筷），总体依然是遵从“尊者优先”的原则。

6. 中式餐饮座次的礼仪文化有哪些？

现代中餐座次礼仪与中国传统的“八仙桌”颇为相似。“八仙桌”演变自中国传统的坐北朝南家庭的客厅，客厅正堂下，父母东西而坐，随着儿子出生并成家立业，儿子媳妇分别随着父母依次而坐，随着家庭成员的不断壮大，“八仙桌”的模式便逐渐产生。八仙桌上，父亲作为家庭中心居于中间位置，母亲以家庭第二位的身份坐于父亲右边，大儿子以家庭第三位的身份坐于父亲左手边，大儿媳作为家庭第四位坐于母亲右手边，依次往复，成为今天中餐中最常见的座次排列礼仪（见图 6-1）。

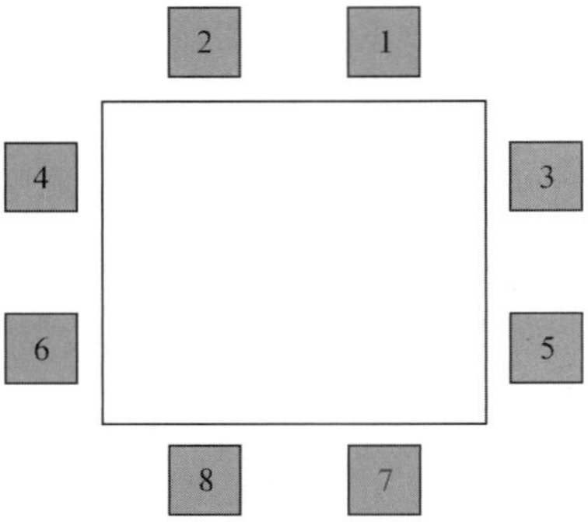

图 6-1　传统的八仙桌座次

从中国传统的“八仙桌”来看，中餐座次礼仪的精髓就是“尊者居尊位”。那么中餐如何判定尊位呢？一般情况而言，“面门为尊、居中为上、面景为尊、背景为尊”，即面朝门口的位置、居于中间的位置、面朝窗外景观的位置、背对墙壁有明显景观装潢的位置通常为尊位。具体选择哪一条原则，要看当时宴请场地的装潢布置。尊贵的位置，肯定是要远离上菜口、垃圾筐、多干扰的位置等。至于具体的座次如何确定，第一种情况是主人和主宾尊贵程度相当，一般是主人居于尊位，主宾居于主人右手边就座，此时，适度的谦让也是十分有必要的；第二种情况是主人尊贵程度高于主宾，那么无须谦让，主人居尊位，主宾居于主人右手边就座；第三种情况是主宾尊贵程度高于主人，那么此时主人有必要再三谦让主宾居于尊位，切不可轻易让自己居于尊位。一般接待的座次安排参见图 6-2。

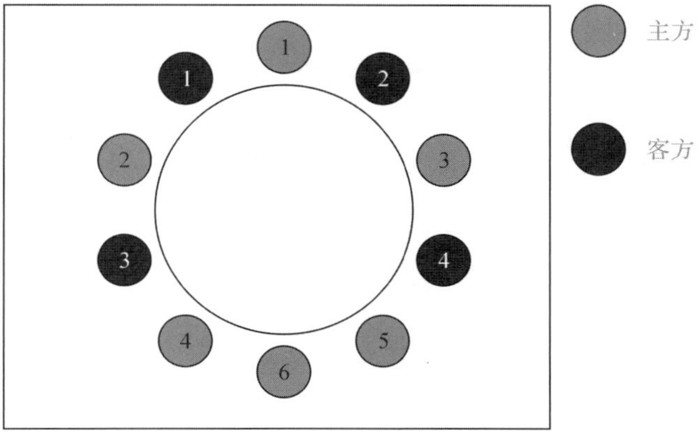

图 6-2　一般接待的座次安排

如若是同学聚餐，大家地位相当，虽无尊贵的人之说，但出于礼貌，一般不要第一个主动地坐在尊贵的位置上，而要进行礼让，之后方可在尊贵的位置坐下。另外，还有两种场景大家也要多加注意，一类是学生或普通工作人员随同老师或领导出访时，对于自己座次要把握两个“一定不”，即没让坐一定不主动去坐，一定不主动坐尊贵的位置；一类是个人代表老师或单位出访，对于座次要做到“再三谦让之后安心接受”，即对于主方安排的尊贵座次，一定要再三谦让，之后方可安心接受。

总之，在传统社会，由于十分强调尊卑有序，所以一向对座次的排列十分计较，常常因为座次的安排不当而引起矛盾冲突，甚至酿成生杀灾祸。① 现代社会，虽然在这一方面已经进步很多，但一般情况下，宾客就座前总要再三谦让，不敢唐突上座，生怕引人非议。凡被推让到尊位的人，在入座前也总要对在座的所有人都一一致意，表示感谢众人的抬举，然后才可以安然入座。②

7. 中式餐饮餐具你真的完全会使用吗？

中餐的餐具相比西式餐具而言简洁许多，使用起来更加方便快捷，但在礼仪规范性要求方面也是十分具体而多样的。我们就为大家简单介绍一下中餐

①②顾希佳. 社会民俗学[M]. 哈尔滨：黑龙江人民出版社，2003：30-50.

几种主要餐具(筷子、勺子、骨碟、餐巾)的使用礼仪规范。

(1)筷子。筷子是中餐中最重要的餐具,其使用有很多禁忌,不注意便会导致形象的受损。一般而言,不要用筷子敲碗或敲桌子,不宜将筷子当作刀剑舞动或用其指着别人,不应将筷子竖直插在饭菜里或平行横放在碗上,不要将筷子当作棒棒糖放在口中舔舐,不宜将筷子作为工具硬是把远处的菜捞过来,用筷子夹菜不过盘子中线且不挑菜等。在不用筷子时,应将其放在筷架上,而不要随意放置。目前在聚餐中,提倡使用公筷取食。

(2)勺子。勺子主要用于喝汤和吃一些软糯食物。用勺子取食物时,一般都采用公勺,个人的勺子仅用于进食。在用勺子进食时,一般是把食物放进口腔而不是吸入,否则发出的异样声音可能会引起同桌用餐人员的不舒服。不用时要把勺子放在勺子架上或自己的碗中,而不是随意放置,更不要把自己的勺子和公勺弄混淆。"正吃着饭,发现自己的勺子不见了",想想这样的场景该是有多尴尬。

(3)骨碟。骨碟就是餐桌上常见的小盘子(也有大小两个盘子,大盘子一般用于分食),主要用于大家存放食物残渣。所以在进食的过程当中,我们一定要把食物残渣小心放置在骨碟上,而不是随意堆放在桌子上。另外,也要避免把骨碟用作存放食物或者进食的工具。

(4)餐巾。就餐前,一般情况下,我们是将餐巾一角压在餐盘下,另一角垂到双腿,或将餐巾整个或对折平铺在双腿上,而不应将其扣在衣领里。同时,餐巾一般用于擦拭嘴部和双手,而不宜擦脸或擦餐具。

8.中式餐饮中使用转盘式餐桌要注意哪些礼仪细节?

目前转盘式餐桌已被普遍使用,可以很好地解决较多人在同一餐桌上用餐的问题,取菜时不需要站起来,把筷子伸到别人面前,只需要转动转盘即可。随着这一新型餐桌的使用,又有哪些新的礼仪细节需要我们注意的呢?

(1)把握好旋转方向。转盘旋转一般是从主位旋转至一号贵宾位,新菜上桌时一般也是先旋转至主位,一般情况下再按照逆时针方向旋转转盘。

(2)注意好取菜方式。一般是要等待菜肴旋转到自己面前,再动筷子取菜至自己的盘中食用,不要一直举着筷子等待。

(3)关注好转盘动向。一是看到有别人正在取菜时,不要转动转盘;二是自己正在转动转盘时如果有人突然要取菜,则应控制转盘使之停下来,等他人取好菜后再继续转动转盘;三是如果他人正在转动转盘,则要等转盘停下来以后再夹菜,千万不要"筷子追着转盘跑"。[①]

宴请中的餐桌转盘主要分为三类:手动餐桌转盘、电动餐桌转盘、无电自动餐桌转盘。不同类型的转盘可能涉及的礼仪虽然大体一致,但是可能会有略微差别,因此大家要灵活掌握和使用转盘式餐桌的礼仪。

9. 中式餐饮中的敬酒礼仪知多少?

在古代,主宾相互敬酒谓之"献酢"。《诗·大雅·行苇》:"或献或酢,洗爵奠斝。"唐《剪灯新话·水宫庆会录》:"献酢陪高会,歌呼得尽欢。"由此可见,宴请敬酒礼节由来已久,并成为宴请过程中比较受欢迎的文化活动。何谓"献""酢"? 宴席上,主人以酒敬宾客,称为"献",客人回敬,称为"酢"。

当今在有借鉴地吸收传统文化的基础上,敬酒的礼节和规范大致有以下几个方面:

(1)敬酒的顺序。在正式宴席上,一般先由主人向列席的来宾或客人敬酒,会饮酒的人则回敬一杯。如果宴席规模较大,主人则应依次到各桌敬酒,而各桌可由一位代表到主人所在的餐桌上回敬。[②] 主人完成敬酒以后主宾依照主方的次序再依次敬酒。只有主人和主宾完成敬酒以后,其他人员才能向主人、主宾以及其他宾客敬酒。当所有的敬酒完成以后,所有来宾可自由交流、相互敬酒。值得提醒的是,在敬酒阶段主人可以选择不敬主方人员,主宾也可以选择不敬随同来宾,不过,一般情况下,选择敬所有在场人员会比较合适。

(2)敬酒的仪态。敬酒时,面带微笑、热情、大方、积极,满怀真诚。无论是敬与被敬,尤其面对尊者,一般应起立举杯并且目视对方,而且整个敬酒过程中都不应将目光移开。敬酒的酒杯一般要低于尊者的酒杯,最好不要对尊者随意提出要求。一般而言,第一杯敬酒选择干杯为宜,当然也要根据个人身体情况

① 徐克茹.商务礼仪标准培训[M].北京:中国纺织出版社,2010:25-29.

② 张扬扬.黄金人脉80招[M].北京:中国纺织出版社,2009:101-105.

而定，健康最重要。正式宴会上敬酒，女士一般不宜首先提出为主人、上级、长辈、男士的健康考虑而代为干杯，客人、长辈、女士一般不宜首先向主人、晚辈、男士敬酒。

(3)饮酒的酒量。切忌饮酒过量，以控制在本人酒量的 1/3～1/2 为宜。在自身身体条件允许的情况下，适度饮酒也是表达热情的一种表现，但也要适可而止，见好就收，因为在很多情况下，很容易出现过量饮酒现象。还有些人借敬酒之名，行灌醉别人之实，也就是找各种理由强行敬酒，这是有失礼仪的做法。个人在饮酒过程当中，也要综合考虑自己的酒量，不可逞强好胜，伤害自身健康。

10. 中式餐饮中的劝酒礼仪都有哪些？

在传统社会中，主人劝饮，称为“酬”，宴饮之礼，也称作“酬酢之礼”[①]。可见，在宴饮中主人劝饮也是餐饮礼仪中的一个重要组成部分。一般情况下，宴饮时不陪饮而让客人自斟自饮，会被人指责为失礼。现代社会也有所谓“无酒不成宴”的说法，酒文化是中华餐饮文化的重要组成部分。在酒桌上，彼此敬酒致意，可以融洽感情，营造轻松友好的气氛。

劝酒礼仪虽然是餐饮礼仪中的一部分，但把握好“度”还是十分关键的。殷商时期，殷人宴饮无度，过于挥霍，一定程度上也加速了殷商的灭亡。在现代社会，酒能使整个宴请氛围变得热烈，但过量饮酒引起的各种事故也屡见不鲜。因此，合理把握劝酒礼仪，需要注意好规范。

(1)懂得察言观色，了解宾客。宴请中，我们要学会观察宾客对于劝饮的反应，有些人明显表现出乐意接受劝饮的做法，此时主人力所能及地劝饮，可以让宾客开心；有些人则明显表现出不喜欢这种劝饮的氛围，此时无论主人兴致多高，也应当适度收敛，避免引起宾客的尴尬和不开心。

(2)避免过分劝酒，强人所难。劝酒时要充分考虑对方的情况，若仅从自身出发，只为表达自己的热情，全然不顾对方感受，过分劝酒，强人所难，便会令人不悦，好心情荡然无存。有些人则使用“感情浅，舔一舔，感情深，一口闷”等有

---

① 出自《淮南子·主术训》。

些强迫性的话语，迫使宾客接受劝饮，这都是比较失礼的。养成文明的劝饮习惯，也是一个人礼仪素养的体现。

(3)接受合理推辞，理解万岁。劝酒的过程中，有些人已经表明身体原因无法饮酒，那就不可再以“故意的吧”“少喝点没事”之类的话语相激，否则不仅失礼而且有可能引起意想不到的事故；有些人本身不胜酒力，希望以饮料代替或者少喝一点，也应当予以理解，避免“不是真心待朋友”“我都干了，你可不能这样”等话语出现，毕竟每个人的体质不尽相同。

总之，劝酒重在营造氛围，一定要适当有度。无论是国家对不正常的饮酒之风的禁止，还是劝酒所导致的一些灾难和事故，都一再提醒我们“劝酒要有度”。

11. 中式餐饮中常见的失礼行为都有哪些?

在参加宴请的过程中，我们要讲究餐饮礼仪，但更重要的是要做到不失礼，因为失礼的行为即使不是故意的，也会使自己大失颜面，甚至是对别人的一种冒犯。目前宴请过程中常见的失礼行为归纳起来大致有六种。

(1)吃饭速度太快或太慢。独自进餐时，吃饭速度快和慢无所谓。但如果和别人同桌吃饭，闷头吃饭，不和同桌人交流，会令人感到不快和尴尬。如果吃饭速度太快，也会造成他人用餐压力。即使很饿，也需要保持和别人差不多的进餐速度，这也是体贴他人的表现。如果用餐速度很慢，同桌人全吃完，就剩你一个人还在进餐，也是很尴尬的事情。

(2)说话时挥舞餐具或身体左摇右晃。在餐桌上和别人说话，一时兴起，举着筷子、勺子指指点点，挥来挥去，都会影响同桌人的用餐情绪。关于筷子的使用禁忌有很多，前面已经提到过，这里不再赘述。此外，餐桌面积就这么大，摆上菜肴后更显得拥挤，如果用餐时身体左摇右晃，胳膊、腿任意延伸，就会让被你手腿触碰到的同桌人感到不自在，感到你对他人不够尊重。因此，最好不要有此类举止。

(3)嘴里塞满食物时讲话。满嘴食物说话是公认的最不礼貌的进餐行为。说话时唾沫乱飞，已经很失礼，何况在嘴巴塞满食物时说话很可能会喷出饭菜。所以，和别人一起进餐时，一定要记住把食物吞咽完了再开口说话。说话就说话，吃饭就吃饭。

(4)用餐巾擦汗、鼻涕、口红。餐巾是用来擦拭嘴巴、手的，也可以在吐出鱼骨头或水果的种子时，拿来遮住嘴巴。另外，在饮用饮料之前也可利用餐巾擦拭嘴唇。但用餐巾擦鼻涕或者擦汗，则是自私且不礼貌的行为，也是无视一起进餐的人感受的行为。确实有需要，可以从餐桌上告退，然后到洗手间擤完鼻涕，洗了手、脸，再回到餐桌上继续用餐。此外，涂了口红的人应在用餐前以面纸轻轻抹去口红，决不能将口红印在餐巾上。

(5)大声咀嚼、剔牙、打饱嗝、松腰带。吃面喝汤时发出呼噜呼噜的声音，嚼饭菜时发出嘎嘣声，对大多数的人来说，是一种倒胃口的行为。牙齿缝隙塞有食物不舒服，在一起吃饭的同伴面前剔牙，不时打几个饱嗝，吃到尽兴时现场宽衣解带等行为，都会马上让你的形象落到谷底。

(6)吃饭时自顾自不停地玩手机。现代社会，几乎人手一部智能手机，可以安装很多有趣的游戏和微信、微博等社交软件，确实很方便。但既然是和别人一起用餐，非特殊情况，尽量少接触手机，多和大家交流，是互相尊重的做法。一直低头专注在自己的手机上，看起来很忙的样子，其实是轻慢他人的行为。

12. 中式餐饮中的饮食禁忌行为有哪些？

由于各地习俗不同，饮食方式和各自禁忌也有不同。在这方面，古人早已有告诫，所谓"入竟而问禁、入国而问俗、入门而问讳"，就是这个意思。[①] 尊重饮食习俗，可以避免因在餐桌上失礼而引起问题和误会。

(1)民族宗教性习俗。信奉伊斯兰教的民族地区禁食猪肉，到该地区做客或者宴请相关人员，饮食中除禁食猪肉相关的食品外，也要避免提及猪肉相关的言语；满族人禁忌杀狗和吃狗肉，去满族人家中做客，忌戴狗皮帽子，忌谈论杀狗吃狗肉方面的话题；鄂伦春人平时多吃肉，或烤或煮，均忌用刀子插肉；在苗族人家做客时，主人会把鸡心、鸭心给客人，此时切忌一人独食，须与在座的老人们一起分享；蒙古族人不吃鸡鸭鹅的内脏；西方人则整体上不喜欢麻辣味、韭菜蒜、内脏、青蛙类动物，忌菜盘剩下食物不用，反感别人给他

---

① 顾希佳. 社会民俗学[M]. 哈尔滨：黑龙江人民出版社，2003：52-58.

们夹菜。

（2）不良的饮食习惯。不食早餐，无法精力充沛地工作，而且还容易“显老”；晚餐太丰盛，容易引起肥胖，破坏生物钟，导致失眠；进食过快，加重肠胃负担，容易导致肥胖；饮水不足，导致脑老化，容易诱发心脑血管疾病，影响肾代谢功能；果蔬当主食，造成人体缺乏蛋白质等物质，营养失衡，甚至引发疾病。

（3）场合的饮食禁忌。在任何饮食场合，都应当避免吸烟、脱鞋行为的发生。在公共餐厅如学生食堂用餐，则要注意爱护用餐环境，根据餐厅规定，归还餐具；在饭店等相对独立的环境中用餐，则要避免夸夸其谈、毫无节制，避免苛责饭店服务人员，要多一些理解和包容的心态和行为。

13. 中式餐饮的餐后礼仪知多少？

参加完宴请后，如果宾客直接推开饭碗离桌而去，会让主人误解自己有照顾不周的地方，或是自己的菜品安排让客人感觉到不高兴。如果主人随客人自行离开，没有送别，甚至没有寒暄，也会让客人觉得很不舒服。那么，作为一名知礼、懂礼的人，具体应该怎样做呢？

（1）主人寒暄送别。用餐结束后，在宾客表示要离开时，主人要主动寒暄送别，如“这次照顾不周，还请见谅，下次一定做得更好”之类的话语。根据情况，必要时主动送客人至用餐地点门口，目送客人离去，或者安排车辆专人将客人送回。

（2）宾客表示感谢。用餐结束后，无论何种情况，宾客都应当用十分满意的神态回馈主人，并感谢主人的精心安排以及准备如此精美丰盛的餐品，表示能参加这样的一个宴会，自己感觉非常开心。宾客若因事提前离开，则一定要向在座所有人员致意，并向主人表达歉意。

（3）主动发出邀请。用餐结束后，主人一般会再发出邀请，欢迎宾客之后常来常往。宾客此时更应主动发出邀请，邀请主人在方便时一定来参加自己组织的宴请，让自己用实际行动来回馈主人此次的用心安排。当然，此时的邀请，一般情况下更多只是表达内心的感情，不能算作严格意义上的正式邀请。

(二)西餐礼仪篇

1.西餐的座次安排跟中餐座次有什么区别?

不同于中餐常用的圆桌,西餐以长桌为主,因此在座次安排上与中餐有差异,考虑原则主要有:

(1)女士优先原则。排定用餐席位时,一般女主人为第一主人,在主位就座,而男主人坐在第二主人的位置上。

(2)以右为尊原则。在西餐排位时,男主宾要排在女主人的右侧,女主宾排在男主人的右侧,按此原则,依次排列。

(3)交叉排列。为了让人们能多和周围客人聊天认识,达到社交目的,一般情况下男女应当交叉排列,熟人和生人也应当交叉排列。

另外,按照西餐长桌的位置排法,可以分为以下两种方式。

一是法式就座方式。主人位置在中间,男女主人对坐,女主人右边是男主宾,左边是男次宾,男主人右边是女主宾,左边是女次宾,陪客则尽量往旁边坐。

二是英美式就座方式。桌子两端为男女主人,若夫妇一起受邀,则男士坐在女主人的右手边,女士坐在男主人的右手边,左边是次客的位置,陪客则尽量往中间坐。

2.一套完整的西餐菜品有哪些?它们的顺序又是怎么样的?

常见西餐菜单上有开胃菜、汤、沙拉、海鲜、肉类、甜品等。正式的上菜顺序如下。

(1)头盘,也称为开胃菜,主要作用是刺激味蕾,增进食欲。一般有冷头盘和热头盘之分,冷头盘有鱼子酱、鹅肝酱、熏三文鱼等,热头盘有奶油鸡酥盒、焗蜗牛、法式田螺等。头盘味道以咸和酸为主,有开胃功效,数量较少,质量较高。当然,开胃菜不是一定要点,可以根据个人喜好和食量而定。食用开胃菜时要注意先冷后热,不要吃得太多、太饱。

(2)汤。西餐和中餐不同的是,西餐的第二道菜就是汤。西餐的汤大致可分为冷汤和热汤，也可分为浓汤和清汤。常见热汤品种有各式奶油汤、海鲜汤、蔬菜汤、罗宋汤等；冷汤的品种较少，有德式冷汤、俄式冷汤等。

(3)副菜。鱼类菜肴一般作为西餐的第三道菜，也称为副菜。品种包括各种淡水鱼和海水鱼类、贝类及软体动物类。西餐吃鱼菜对调味汁很有讲究，品种有荷兰汁、酒店汁、白奶油汁、大主教汁、美国汁和水手鱼汁等。鱼类菜肴虽然美味，但是吃起来比较麻烦，注意不要让桌面一片狼藉，那显得十分不雅。

(4)主菜。肉、禽类菜肴是西餐的第四道菜，也称为主菜。肉类菜肴的原料取自牛、羊、猪等各个部位的肉，其中最有代表性的是牛排。牛排按其部位，可分为沙朗牛排(也称西冷牛排)、菲力牛排、"T"骨型牛排、肋眼牛排等；根据熟度，又可以分为近生、三分熟、五分熟、七分熟和全熟。肉类菜肴配用的调味汁主要有西班牙汁、黑胡椒汁、蘑菇汁等。切牛排时，注意不要让刀叉和盘子碰撞发出尖锐的响声。

(5)蔬菜类菜肴。一般安排在主菜之后，为一种配菜。一类是沙拉，一般用生菜、西红柿、黄瓜、芦笋等制作。沙拉的主要调味汁有醋油汁、法国汁、千岛汁、奶酪沙拉汁等。还有类蔬菜是熟的，如花椰菜、煮菠菜、炸土豆条。①

(6)甜品。西餐的甜品是主菜后食用的，包括布丁、蛋糕、华夫饼、冰激凌、奶酪、水果等。餐后甜点可以帮助消化，令人心情愉快。

(7)热饮。西餐的最后一道是上饮料，如咖啡或茶，帮助消化。喝咖啡时根据个人喜好加糖和淡奶油。② 喝咖啡时要注意只需端起杯子，端起碟子或托住杯底喝咖啡，都是失礼行为。③

3. 一般情况下，一套完整的西餐餐具都包括哪些？它们的用法和禁忌又是什么？

(1)西餐的餐具有刀、叉、匙、盘、碟、杯等，吃不同的菜要用不同的刀叉，饮不同的酒也要有不同的酒杯。④ 其摆法为：正面放着主菜盘，左手放叉，右手放

---

① 郝路. 西餐实务[M]. 北京：电子工业出版社，2008：23-40.

② 李欣，司福亭. 现代交际礼仪[M]. 北京：北京交通大学出版社，2009：51-60.

③ 韩旭. 社交礼仪与学习指导[M]. 北京：人民邮电出版社，2012：121-130.

④ 张百章，何伟祥. 公关礼仪[M]. 大连：东北财经大学出版社，2005：23-24.

刀，主菜盘上放着匙，右上方放着酒杯。餐巾放在主菜碟上或插在水杯里，也有放在餐盘左边的。面包、奶油盘放在左上方(如图 6-3)。[①]

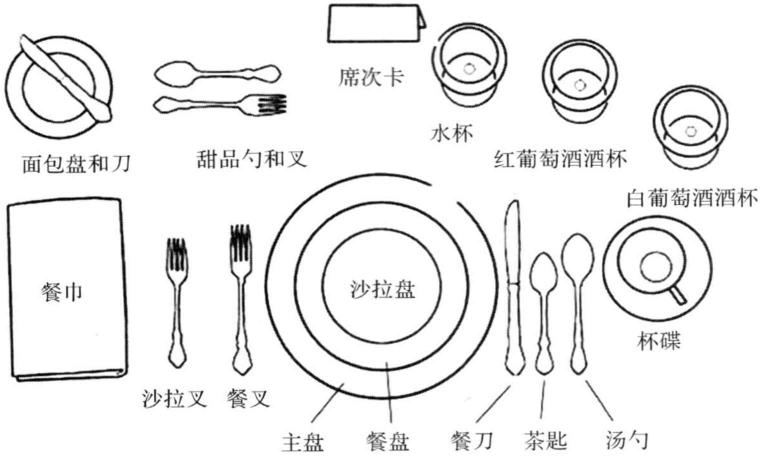

图 6-3　西餐餐具摆位

图片来源：http://www.fb-wines.com/news/hjwh/371.html

(2)餐具的使用方法

①刀。西餐中最正确的拿刀姿势是：右手拿刀，手握住刀柄，拇指按着柄侧，食指则压在柄背上。除了用大力才能切断的菜肴或刀太钝之外，食指都不能伸到刀背上。同时，不要伸直小指“翘兰花指”拿刀，有的女性以为这种姿势才优雅，其实是错误的。此外，刀是用来切割食物的，不要用刀挑起食物往嘴里送。[②]

不同规格的刀有不同的用法：带小小锯齿的用来切肉制食品；中等大小的用来将大片的蔬菜切成小片；而小巧的、圆头刀尖的、颈部有些上翘的刀，则用来切开小面包，然后用它挑些果酱、奶油涂在面包上。[③] 不同的刀根据不同的上菜顺序一一摆出来，由外向内依次取用，基本上每上一道菜就拿起最外侧的

① 南亚旭. 文员与秘书公共关系与社交礼仪(下)[M]. 广州：广东经济出版社，2004：52-60.

② 王涵琳. 人生的每日提醒修养卷：决定人生成败的 365 个细节[M]. 北京：人民日报出版社，2004：22-30.

③ 张丽娟，单浩杰. 现代社交礼仪[M]. 北京：清华大学出版社，北京交通大学出版社，2009：25-30.

一副。

②叉。左手拿叉，视情况，有背侧朝上及内侧朝上两种。背侧朝上的拿法和刀一样，以食指压住柄背，其余四指握柄，食指尖端大致在柄的根部，叉齿朝下，叉起食物往嘴里送。若握得太前，外观不好看，太往后，又不太能使劲，硬的食物就不容易叉进去。[①] 叉内侧朝上时，则如铅笔拿法，以拇指、食指按在柄的中央位置，其余三指支撑柄下方，主要用于吃面条或豌豆。

使用刀叉时请注意：

★ 切割食物时，动作要轻，不要动作过大，影响他人；

★ 切下的食物要刚好一口吃下，入嘴时，牙齿只碰到食物，不要咬叉，也不要叉起来一口一口咬着吃；

★ 吃体积较大的蔬菜时，可用刀叉来折叠、分切；[②]

★ 不要挥动刀叉讲话，也不要用刀叉指人；

★ 掉落到地上的刀叉不可捡起再用，应请服务员换一副。[③]

如果在就餐中需暂时离开一下或与人交谈，应放下手中的刀叉，刀右、叉左，刀口向内、叉齿向下，呈“八”字形状放在餐盘上，它表示：尚未吃饭，中途休息或离开一会。如果吃完了，或者不想再吃了，可以刀口向内，叉齿向上，刀右、叉左并排放在餐盘上。西餐中，刀叉不同的摆放位置，表达不同的意思，一定要留意哦。

③餐匙。餐匙有多种规格，小的是用于咖啡和甜点心；扁平的用于涂黄油和分食蛋糕；比较大的，用来喝汤或盛碎小食物；最大的是公匙，用于分食汤，常见于自助餐。汤匙和点心匙除了喝汤、吃甜品外，绝不能直接舀取其他主食和菜品。进餐时应以其前端入口而不是将整个餐匙全部放入口中。餐匙使用后，不要再放回原处，也不要将其插入菜肴或“直立”于餐具中。

④汤勺。使用最基本的姿势即由内往外舀，右手拿汤匙，左手按住盘子边

---

① 王涵琳.人生的每日提醒修养卷：决定人生成败的365个细节[M].北京：人民日报出版社，2004：22-30.

② 张丽娟，单浩杰.现代社交礼仪[M].北京：清华大学出版社，北京交通大学出版社，2009：25-30.

③ 徐汉文.商务礼仪[M].上海：人民出版社，2011：21-30.

缘。要注意：汤匙不要舀满，尤其是第一匙，因为它有确认汤热度的任务，一般以不超过汤匙八分满为原则，避免汤汁滴落到桌面上。喝汤时，汤匙底部先在盘子边缘轻擦一下，再送至嘴里，西餐礼仪中不能直接端起碗喝汤，这是非常失礼的行为。当汤喝得只剩一些时，左手可以将盘子往外倾斜，再以汤匙舀起来喝。

⑤餐巾。餐巾的第一个作用是表示宴会的开始或结束。参加正式宴请时，西方人讲究女士优先，在西餐宴会上女主人是第一顺序。女主人不坐，别人是不能坐的。女主人把餐巾铺在腿上，则说明大家可以开始用餐。同样的道理，假定女主人把餐巾放在桌子上了，便是宴会结束的标志。

就位或点菜完毕即可取餐巾展开在膝上（展开餐巾代表“就绪”），动作轻柔，避免用力过猛或摇晃餐巾，如果餐巾较大，可以叠成长条形或三角形铺在腿上，不要围在脖子上或者扎在衬衣或皮带里。用餐时，餐巾可以用来擦嘴或遮掩口部，但不能用其擦脸、擦汗、擦餐具。

餐巾的第三个作用，暗示自己用餐的情况。当需要临时离开餐桌时，请将餐巾放于椅子上，而不是桌子上，因为放在桌上就表示“我不再吃了，可以撤掉”。

4.西餐中点酒有什么需要注意的？

西餐宴会所用的酒水按照用餐顺序可以分为餐前酒、佐餐酒和餐后酒三种；按照颜色可以分为红酒、白酒和玫瑰色酒；按酒精含量分为低度酒和高度酒；按是否有气泡分为无汽酒和汽酒。

(1)餐前酒又叫开胃酒，在用餐之前饮用，或在吃开胃菜时饮用。通常有鸡尾酒、威士忌和香槟酒等。

(2)佐餐酒，即在正式用餐期间饮用的酒水。西餐的佐餐酒均为葡萄酒，选择佐餐酒的一条重要原则是“红配红，白配白”，即红葡萄酒配红肉，白葡萄酒配白肉。红肉指的是猪、牛、羊肉等，白肉指的是鱼肉、虾肉、禽肉等。

(3)餐后酒，是餐后用来助消化的酒水。常用的有利口酒、白兰地酒。

点酒时不要硬装内行。在高级餐厅里，会有精于品酒的调酒师拿酒单来，对酒不大了解的人，最好告诉他自己挑选的菜色、预算、喜爱的酒类口味，请调酒师帮忙挑选。此外，吃哪一国的菜就点哪一国的酒是最搭配的，菜肴是用什么酒烹制的，也可以点什么样的酒。

5.西餐中饮品器皿（酒杯）文化知多少

杯之于好酒，就像衣装之于美人，不同的酒杯配不同的酒，不仅仅是搭配的视觉享受，更会影响杯中酒的口感。所以选择合适的酒杯也是非常重要的。

（1）葡萄酒杯。葡萄酒的品种很多，因葡萄的栽培、葡萄酒生产工艺条件的不同，产品风格各不相同。[①] 通常按颜色分为红葡萄酒和白葡萄酒两种。葡萄酒杯因其有一个细长的底座而被大众形象地称为高脚杯，高脚的原因是可以供手握住杯柄，以免手碰到杯腹而影响酒温。在西方传统观点中，为葡萄酒选择正确的酒杯，能更好地帮助品味美酒。葡萄酒杯一般包括红葡萄酒杯、白葡萄酒杯、香槟杯三种，红葡萄酒杯底部有握柄，上身较白葡萄酒杯更为圆胖宽大；白葡萄酒杯杯底部有握柄，上身较红葡萄酒杯修长，弧度较大，但整体高度比红葡萄酒杯矮；香槟杯为郁金香型，杯身直且瘦长，高脚。

（2）烈酒酒杯。烈酒（spirits）就是高浓度的烈性酒，也叫蒸馏酒，由于蒸馏过程中提取的馏分不同，有时分为“头曲”“二曲”或“二锅头”等。蒸馏制酒法是酒类制法中不可缺少的一种，也是酒类发展的一大领域。烈酒通常被习惯分为八大类：琴酒（Gin）、威士忌（Whisky）、白兰地（Brandy）、伏特加（Vodka）、朗姆酒（Rum）和龙舌兰酒（Tequila）、中国白酒（Spirit）、日本清酒（Sake）。烈酒酒杯形制多样，不同区域、不同类型的烈酒都有其常用的酒杯形制，整体而言，以玻璃杯为主，容量相对较小。

（3）鸡尾酒杯。鸡尾酒又叫混合饮料（英文：mixed drinks），一般由基酒、利口酒和饮料组成，是一种包括了含酒精或不含酒精饮料的混合饮品，特点是多数鸡尾酒需要经过冰处理或加冰。所以鸡尾酒使用的酒杯既包括高脚杯，比如香槟杯（笛形和郁金香花形）、浅碟香槟杯等，也有平底杯，比如老式杯、高球杯，酒杯整体特征是底部有细长握柄，上方约呈正三角形或梯形，多采用玻璃材质制作而成。

---

① 陆寿鹏.果酒工艺学[M].北京：中国轻工业出版社，1999：45-60.

6.西餐中喝咖啡要注意什么？

很多人喝咖啡只为提神，或者只是把咖啡当成一种饮料，其实，喝咖啡就像喝茶一样，也是有礼仪的。

(1)端咖啡杯的礼仪。在餐厅饮用的咖啡，一般用袖珍的杯子盛着。这种杯子的杯耳很小，端杯手指不从杯耳过。即使是大杯子，也不要用手指穿过杯耳，而应用拇指和食指捏住杯把端起杯子。此外，坐着饮用时仅需端着咖啡杯即可，如果端起碟子或托住杯底喝咖啡，都是失礼行为。

(2)给咖啡加糖的礼仪。加糖时，可用咖啡匙舀取，直接加入杯内；也可先用糖夹子把方糖夹在咖啡碟的近身一侧，再用咖啡匙把方糖加进杯子里。为了避免咖啡溅出，弄脏衣服或台布，一般不直接用糖夹子或手把方糖放入杯内。加糖后，不需用力搅拌咖啡，因为糖和牛奶的溶化速度很快。

(3)咖啡匙的使用礼仪。咖啡匙主要作用是为了搅拌，当饮用的人将糖或者奶加入咖啡时，用咖啡匙搅拌使添加的材料与咖啡充分混合。搅拌时应动作轻柔，不要把咖啡杯碰得叮当响，同时不要用咖啡匙舀咖啡喝，那也显得不文雅。饮用时将它从杯中取出，放在碟子上。咖啡如果太热，可以用咖啡匙在杯中轻轻搅拌使之冷却，千万不要用嘴试图去把咖啡吹凉，这是很不文雅的动作。

7.吃自助餐的时候，我们需要注意什么？

自助餐，有时亦称冷餐会，它是目前非常通用的一种非正式的西式宴会，在大型的商务活动中尤为多见。尽管自由是自助餐的最大特点，用餐礼仪没有正式西餐那么严格，但有一些细节还是要注意的。

(1)排队取菜。在就餐取菜时，用餐者必须自觉地维护公共秩序，讲究先来后到，排队有序选用食物，不要乱挤、乱抢、乱插队。

在取菜之前，先要准备好一只食盘。轮到自己取菜时，应以公用的餐具将食物装入自己的食盘之内，然后即应迅速离去。不要在众多的食物面前犹豫再三，让身后之人久等，更不应该在取菜时挑挑拣拣，甚至以自己的餐具取菜。①

---

① 余晓辉. 2008公民礼仪手册[M]. 北京：清华大学出版社，2006：83-90.

(2)循序取菜。取菜时要循序渐进,按照先后顺序依次应当是冷菜、汤、热菜、点心、甜品和水果。因此在取菜时,建议先在全场转上一圈,了解一下情况,然后再去取菜。

(3)少量多次取餐。在自助餐上遵守“少取”原则,量力而行,避免浪费,同时还须遵守“多次”的原则,就是用餐者在自助餐上选取某一种类的菜肴,允许其再三再四地反复去取。每次应当只取一小点,待品尝之后,觉得它适合自己的话,那么还可以再次去取,直至自己感到吃好了为止。

(4)避免外带。所有的自助餐,只许堂食,不可以外带。在用餐时不论吃多少东西都不碍事,但是千万不要偷偷往自己的口袋、皮包里装一些自己的“心爱之物”,更不能要求服务员替自己“打包”。

(5)照顾他人。在参加自助餐时,除了对自己用餐时的举止表现要严加约束之外,还须与他人和睦相处,多加照顾。① 即使是自己的同伴,也不可以自作主张地为对方直接代取食物,更不能将自己不喜欢或吃不了的食物“处理”给对方吃。在排队、取菜、寻位以及行动期间,要主动谦让,不要目中无人,蛮横无理。

8.西餐礼仪中还需要注意什么?

(1)学会预约餐厅。越高档的饭店越需要事先预约。预约时,不仅要说清人数和时间,也要表明是否要吸烟区或视野良好的座位。如果是生日或其他特别的日子,可以告知宴会的目的和预算。在预定时间内到达,是基本的礼貌。

(2)穿着整洁得体。西餐对于就餐者的要求比较高,特别是在高档的西餐厅,男士要穿着整洁的上衣和皮鞋,并且要打领带,女士要穿套装和有跟的鞋子,无论是男士还是女士都不可穿休闲装到高档西餐厅用餐。

(3)保持优雅得体的坐姿。一般从椅子左侧入座。当椅子被拉开后,身体在几乎要碰到桌子的距离站直,领位者会把椅子推进来,腿弯碰到后面的椅子时,即可坐下。就座时,身体要端正,立腰、挺胸、上身自然挺直。手肘不要放在桌面上,不可跷足,与餐桌的距离以便于使用餐具为佳。② 用餐时,背部不要靠

① 张惠秀.涉外礼仪和商务礼仪[M].上海:上海东方出版社,2005:88-92.

② 优雅地吃西餐[J].中国市场,2007(37):71.

到椅背上，腹部和桌子保持约一个拳头的距离。

(4)注意私人物品的摆放。不要把手机、钱包或钥匙放在餐桌上。用餐时请把手机调至静音状态，如需接电话，请到餐厅外或把声音压低，以免影响他人就餐。千万不要只顾着低头看手机，这是非常不礼貌的。

(5)不要朝侍者大声呼叫。在用餐中，需要侍者服务时，可用眼神向他示意，然后微微把手抬高，侍者会马上过来。切忌大呼小叫，“喂，你过来一下”，也不要故作帅气地打响指，否则会显得不尊重人、缺乏教养。最后，别忘记口头致谢。

(6)就餐时，注意你的嘴。吃东西的时候一定要紧闭双唇咀嚼，而不要吧嗒嘴；不要让食物大于你的嘴，切的时候要适量；嘴中有食物的时候不要说话。

9.你知道西餐的6M是什么吗？

第一个是“Menu”(菜谱)。走进西餐馆，入座后首先送上来的便是菜单。菜单被视为餐馆的门面，除了精美的设计之外，一般也会采用较好的材质。通常也会将招牌菜用显著标识标注出来。

第二个是“Music”(音乐)。高级的西餐厅，会有固定乐队或者歌手驻唱，演奏一些柔和的乐曲，一般的小西餐厅也播放一些美妙的乐曲。通常这些乐曲的声音要达到“似听到又听不到的程度”，即不会影响交谈，同时起到调节气氛舒缓心情的作用。

第三个是“Mood”(气氛)。西餐讲究“情调”二字，音乐、烛光、红酒、鲜花，一切都是和谐优雅，浪漫迷人。

第四个是“Meeting”(会面)。西餐的很大目的就是社交，也就是说和谁一起吃西餐，是要有选择的，一定要是亲朋好友、趣味相投的人。吃西餐主要为联络感情，很少在西餐桌上谈生意。[①]

第五个是“Manner”(礼俗)，也称之为“吃相”和“吃态”。吃西餐时要遵循西方习俗，勿有唐突之举，特别是使用餐具时不可失态。[②]

---

① 张冬梅，梁巍，云欣.这些礼仪常识你得知道[M].北京：中央广播电视大学出版社，2009：48-51.

② 赵景卓.公关礼仪[M].北京：中国财政经济出版社，1995：102-109.

第六个是“Meal”(食品)。西餐饮食注重的是各类营养成分的搭配组合,充分考虑人体对各种营养(糖类、脂肪、蛋白质、维生素)和热量的需求来安排菜或加工烹调。另外讲究调味,注重色泽。西餐烹调的调味品大多不同于中餐,如酸奶油、桂叶、柠檬等都是常用的调味品。

七、礼品是一片心意

——馈赠时的礼仪

赠送礼品是为了表示对他人的祝贺、感谢、慰问而采取的一种形式，同时也是人际交往中表达友好感情的一种手段。中国人一向崇尚礼尚往来。《礼记·曲礼上》说："礼尚往来，往而不来，非礼也；来而不往，亦非礼也。"

"礼物"一词由"礼"和"物"两个字组成。礼起源于远古时期的祭祀活动，在祭祀时，除了用规范的动作、虔诚的态度向神表示崇敬和敬畏外，人们还将最有价值、最能体现对神敬意的物品奉献于神灵。[①] 也许从这时起，礼的含义中开始有了物质的成分，礼可以以物的形式出现。

关于礼物的起源，说法不一。有人认为，礼物最初起源于古代部落战争中部落兼并而产生的"纳贡"，即被征服者定期向征服者送去食物、奴隶等，以表示对被征服者服从和祈求庇护。[②] 还有人认为，最初商业性质的以物易物，就是原始的"礼尚往来"，以礼品的赠送与酬报的方式进行的产品交换。

在礼的内涵之中，除了表示尊敬的态度、言语、动作、仪式外，还有一个重要的含义，就是礼物，或者说礼品。从礼以物品的形式出现时起，物就从礼的精神内核中蜕化出来，成为人与人之间有"礼"的外在表现形式。

庆典送礼、生日送礼、节日送礼、见面送礼、离别也送礼，与师长前辈、同窗好友、父母亲人之间相互馈赠礼品或礼物，俨然是人们生活中不可缺少的一项交往内容。对赠送者和接受者来说，一件理想的礼品可以表达某种特殊的愿望，传递某种特殊的信息，并且达到增进友谊、互相关怀、提升生活品质

① 刘国柱.现代商务礼仪[M].北京：电子工业出版社，2005：143-160.

② 彭文武，刘杰.社交礼仪[M].西安：世界图书出版西安有限公司，2008：25-27.

的目的。

同时，送礼作为一种特定的文化现象，在社会的发展中逐渐形成了相应的规矩。送给谁、送什么、怎么送都很有讲究。巧妙掌握送礼技巧，并且用心去思考，才能圆满完成送礼的整个过程。学习馈赠礼仪，帮助我们得体地馈赠礼品是本篇的主旨。

1. 为什么要赠送礼品，赠送礼品应怀有何种心态？

从三四千年前开始，我们的祖先开始执行了一系列不成文的规范，逐渐演变成社会共同遵守的“礼”。再往后，“礼”的“仪式”意义又逐渐演变成了礼的“实质”意义。在人生的重要时刻金榜题名，如婚丧嫁娶、生子满月、乔迁升官等，送礼成了必不可少的一项内容。“礼多人不怪”“礼轻情意重”“言有尽，而礼无穷”……这些古老的中国格言也在人们的日常实践交往过程中流传下来，并且仍具有实用意义。

礼品交换这一形式不断延续下来，直到现代的人际交往中，礼品仍然是人们往来的有效媒介。我国是个有浓厚人情味传统的国家，礼品在生活中也发挥着重要作用。然而，当前社会上也存在着一些请客送礼的不正之风，更有个别人将送礼视作通往名利的捷径。这种想法不仅违背了国家倡导和弘扬的光明坦荡、公道正派等价值观，更与构建和谐社会的理想背道而驰。党中央相继出台的“八项规定”“六项禁令”，即是为了杜绝送节礼、奢靡浪费、公款吃喝等不正之风，建设风清气正的政治生态。礼品如果成为居心不良者走捷径的工具，不免令人遗憾！

我们应使礼品回归本心，如同桥梁和纽带一样，传递情感和信息。与初次见面的陌生人建立友谊，与阔别多年的旧友重逢，出远门归来总免不了象征性地送点“礼品”，遇上喜事、丧事，也会收到相应的礼金或礼品。它代表了你的诚意，也在有来有往中促进了双方感情的交流。

● “送礼”的心态

馈赠礼仪的意义并不在礼品本身，而在于通过礼品所传递的美好情谊。赠送礼品时，讲究的是真诚的心意，有时候金钱的价值与礼物的价值关联并不大，关键在赠送礼品时，抱着怎样的情感与态度。有一句古话“千里送鹅毛，礼轻情意重”，所表达的即是这个道理。而李白以诗《赠汪伦》赠予好友汪伦，虽无关金钱，却淋漓尽致地表达了情谊与心意。因此，赠送礼品时，首先要考虑礼品是否能准确传递馈赠者想要表达的真情实感。

送礼不应功利性过强。礼品寄托着人们之间或感恩或祝贺或慰问的深情厚谊，而不是为了送礼而送礼，不应带着功利心态，诸如“讨好”“拍马屁”甚至“贿赂”等。如此送礼，并非发自内心，而是有所求而送，有所利而礼，不仅给受礼者带来“受贿”般的尴尬，也污染了纯洁人际关系的芳馨，败坏了社会风气。

不要惦记对方是否回礼。赠送礼品的时候，如果对方可以感受送礼者的诚意，这已经是很好的回赠了，如果同时收到了对方的回礼，这是额外的惊喜。反之，如果始终想着回报，对于对方没有回礼耿耿于怀，就失去了送礼的初衷。

送礼不应抱有炫耀或攀比的态度。送礼和收礼本质上应是一种沟通感情的美好方式，用有限的物质形态表示出自己对对方的无限诚意。然而，以炫耀为目的，为了显示你的阔绰而送上过于贵重的礼物，会让接受礼物的一方无所适从，反而因不知如何回赠而造成负担。尤其对我们大学生而言，主要的经济来源依靠父母，所以更要根据自己的实际承受能力行事，不能抱着与他人攀比的态度“打肿脸充胖子”，那不仅无法赢得受礼者的认同和好感，还易使自己陷入经济危机。

2.如何选择合适的礼品？

有的同学不懂得送礼的艺术，到了向师长送礼表达心意的节日，随意选一份，结果事与愿违。善于送礼的人，所挑选的礼品总是经过细心挑选，同时也有独特的风格，使人能感受到礼物的珍重。如何才能挑选合适的礼品，并且使人欣然接受呢？

(1)送礼的“5W”法则

赠送礼品有一套比较标准的原则，叫做“5W”原则，也就是在赠送礼品的时候，需要注意的五个方面。由于代表这五个方面的英文单词第一个字母都是W，所以简称为“5W”原则。

①Who——送给谁

换言之，就是注意受赠的对象。

中国人送礼物的习惯，首先是看对象。不同的对象送不同的礼物，所谓“宝剑赠侠士，红粉赠佳人”，送礼特别需要“因人而异”，要先了解对方的身份、性格、爱好等再做出选择。

②What——送什么

确定了将礼品送给谁之后，随之而来的第二个问题就是送什么。要认真对待下面几个问题：

a. 考虑礼品的时效性。赠送的礼品如果过了时，送了也无趣。就好比 2021 年元旦给人送一张 2020 年的贺卡，中秋节已过再拿一盒月饼送人，索然无味且令人尴尬。所以一定要注意礼品的时效性，否则容易弄巧成拙。

b. 注意礼品的独特性。即“人无我有”“人有我优”“人优我新”。比如说，如果大家送的礼物都好，就要考虑挑选的礼品在款式、样式、功能上都比较新颖优质，而且恰恰是受礼者急着要用的东西，抓住受礼者的心态。

c. 注意礼品的便携性。就是体积小、容易携带的东西。有些东西使用价值不高，到处都有，体积又大，送礼者拿着它招摇过市，受礼者得到它无处收藏。尤其在送别客人时，尽量不送这一类礼品。

d. 注意风俗习惯。比如说，在亚洲国家，中国、日本、韩国、朝鲜，都有讨“口彩”的风俗习惯，人们都不喜欢“四”这个数目，而喜欢“八”。因为“四”的发音与“死”相近，觉得不吉利，而“八”与“发”相近。

③Where——在何地送

赠送礼品要考虑场合。公务交往的礼品一般应选择在办公地点送，以示郑重其事、公事公办。[①] 如果公务交往礼品送到家中，则有公私不分之嫌，不仅会引来误会，更可能招致他人厌恶反感。私人交往的礼品一定要在私人交往的地方送，以示公私有别。

① 金正尻. 礼仪金说　金正昆教你学礼仪[M]. 西安：陕西师范大学出版社，2006：85-90.

④When——何时送

一般的规则是拜访别人时，在见面之初将礼品拿出来，这叫登门有礼。[①] 这样做的好处是：

a. 容易给对方一个良好的初始印象。礼品最重要的作用就是重视。礼仪的“礼”字，意思就是尊重。见了面把礼品拿出来，表示对对方的重视，而且容易形成一个良好的开始。如果错过最开始见面的时机，不妨在坐定后主人倒茶时拿出礼物，不仅不会打断原来的谈话，还可以开启新的话题。

b. 形成互动。一般来说，送礼有一个对等的规则。客人去的时候是先把礼品拿出来，而主人一般是在客人告辞的时候送礼。如在客人上火车或上飞机之前才将礼品拿出来，不仅占用空间不好携带，还容易丢失。一般对外地客人是临行前送，而对本地客人则在客人告辞的时候拿出来。

⑤What——如何送

送礼主要有三种方式，第一是自己亲自送；第二是托人送，第三是寄送。这三种送法中，亲自赠送是最能表达诚意的方式，应该尽可能自己送达。

(2)投其所好，设身处地

除了“5W”原则，还要考虑几个送礼的关键。

第一，了解对方最想要的是什么，投其所好，换位思考。不管自己有多么中意，对对方来说没有用处的东西不应在考虑之列，或者对方已经拥有很多同类的东西，再重复收到类似的礼物就会显得你不够诚心。而了解了对方的兴趣爱好，再有针对性地送出礼物则会让受赠者格外喜爱，留下深刻的印象。比如，对喜爱艺术的人，了解他到底是专业的还是业余消遣，他喜爱的风格是哪一类，最崇拜的是谁，则能“对症下药”。例如喜欢音乐的，送一张他喜欢的唱片，送音乐会入场券，或是他喜爱的作曲家、演唱者的传记，都是有针对性的礼物。

第二，根据送礼对象的生活习惯和环境来挑选合适的礼品。打个比方，在20世纪七八十年代，部分山村甚至还未通电，而相对发达的一些地方已然兴起电视机、收音机等电器，为慰问扶助贫困地区的村民，有人特意送来了电视机。

---

① 武莉. 现代礼仪实用教程[M]. 北京：对外经济贸易大学出版社，2012：29-50.

这份礼品在当时看来虽然贵重，却没有考虑受礼人的实际生活环境，显得十分尴尬。

第三，考虑对方的宗教信仰和习俗禁忌，避免赠送有不良象征意义的礼品。比如，在某些地区，情侣间是不送鞋子的，送鞋意味着即将分离，若是不了解这层含义，贸然送上鞋子，对方即使勉强收下，心中也难免有些不自在。再比如，对老人忌讳送“钟”，因为与“送终”谐音；很多地方忌讳送“菊花”，因为菊花被视为“丧葬之花”。

（3）不同场合中的馈赠

● 探望病人

当老师、同学生病时，到医院去探望是基本的礼仪。探病时所带的礼品，要以使病人恢复健康为原则。如果计划带上一束鲜花，要考虑挑选没有浓重气味的品种，同时考虑病人是否花粉过敏。如果给病人带食品，要根据病情而定，探望糖尿病人，可以带些豆制品或鸡蛋、牛奶等；探望血脂过高的病人，可以送些新鲜水果。同时，要注意探望的时间，在病房停留的时间不要过长，以免影响病人休息，尤其是当病人刚做完手术身体虚弱时尽量不要前去探望。

● 庆祝生日

给生日寿星送礼要注重亲疏有别、年龄禁忌等原则，同时考虑对方的兴趣。可以将生日礼物归纳为以下几类。

①温暖型，如衣服、鞋帽、围巾、手套等日常用品，既经济实用又温暖贴心，比较适合亲近的家人之间相送。

②浪漫型，如领带、皮带、香水、饰品、钱包、化妆品等，这类礼物可以佩戴、装饰在外，考虑的是精致美观，又体现个人的性格和品位，适合亲近的好友或情人之间互赠。

③固定搭配型，如蛋糕和鲜花是庆祝生日必不可少的，很符合当下的情境。如果蛋糕是亲手制作的，更可以体现心意。

除了以上的常规礼品，还有一些别出心裁的个性化创意礼品，如动手 DIY 贺卡等，在此就不一一列举了。对不同年龄阶段的寿星也要考虑他们的不同特点，对长辈以送“健康”为佳，可以送一些运动养生器材和营养品等。

● 庆贺节日

春节。春节是我国最重要的传统节日之一，充满喜庆。这一段日子中人们相互走动，到他人家中登门拜年，势必要带上合心意的礼品。礼品因人而异，常见的拜年礼品有烟、酒、茶、油等，送给长辈首选保健器材或健康补品，西洋参、奶粉、蜂蜜等也颇受欢迎。水果类则是不会出错的选择。

其他传统节日。端午节、中秋节与春节一同并称我国的三大传统节日，各少数民族也都保留着自己的传统节日，诸如傣族的泼水节、蒙古族的那达慕大会、彝族的火把节、瑶族的达努节、白族的三月街、壮族的歌圩、藏族的藏历年和望果节、苗族的跳花节等。人们对于庆贺传统节日也有约定俗成的风俗习惯，中秋节吃月饼、端午节包粽子、重阳节喝菊花酒、元宵节吃汤圆等。如果选择在节日赠送贺礼，可以准备与习俗相关、有节日寓意的礼品。

教师节。每年 9 月 10 日是教师节，学生在教师节当天有为辛勤育人的教师送上表达敬意的礼物的传统。给老师赠送的礼物重在表达心意，一般以贺卡和鲜花为主，或者是感谢信，自己做的糕点、饼干，照片架之类有特色的小礼物。松柏象征着高洁的品质，因此送松竹类盆栽也十分恰当。

母亲节与父亲节。母亲节与父亲节均起源于美国，每年 5 月的第二个星期日是母亲节，6 月的第三个星期日是父亲节，现在许多国家都在庆祝这两个节日，为辛勤养育子女的父亲母亲送上节日祝福。西方传统里，母亲节与康乃馨紧紧联系在一起，当天赠送象征母爱的红色、粉色康乃馨最好不过。其实，我们要在当天向父母表示心意，并不仅限于鲜花，只要让他们感觉到你的心意即可，别忘了附上一张充满感恩的贺卡！

除了探病、庆生和节日外，也有一些场合适合赠送礼物，如久别重逢、远行归来，都是馈赠礼品来增进感情的好时机，只要把握好上述送礼的原则和关键，相信送出贴心好礼并不难。

(4)不同人际关系间的馈赠

● 同学之间

朝夕相处的同窗情谊真挚而亲切，在校期间大学生们总有机会收到同学赠送的礼品，它们也记录了你在校园里生活的点滴。送同学礼品，主要把握这三项原则：送文化、送祝愿、送纪念。同学在一起学习和生活，日益亲厚，求学期间也是形成志趣和性情的时刻，赠送之礼不在价格高，能表达共同志趣或美好祝愿的礼品就是别致的心意，同学总有毕业道别之时，有纪念意义的礼品值得珍藏，能将情意与怀念长久保存心中。

● 师生之间

给老师送礼同样有应当把握的原则，应当注重感恩、尊敬与纪念之意。首先不宜送太贵重的礼品，那样显得太过功利，也不必与人攀比，礼品代表的是心意而不是贵贱。在教师节发送感谢邮件、感谢贺卡等都是简便又有敬意的祝贺方式。

● 亲子之间

对双亲无微不至的养育之恩，我们如何报答都不为过。温柔、善解人意的礼品连着真挚的心意应当一同送上。看着父母辛劳半辈子，为他们量身定制一项旅行计划，拍一套全家福，选购他们喜欢的生活用品和健康食品都是不错的选择。也许父母最想拥有的就是与你共处的时光，带着一颗温柔感恩的心，多多陪伴，也会胜过不少礼物。

3. 如何送出特色与新意？

送人礼品最忌讳的是毫无特色、敷衍了事，这样的礼物很难表达出送礼者的特殊愿望和特殊信息。只有送出特色与新意，力求达到“人无我有，人有我优，人优我新”，才是一份真正有意义的礼品。

(1)精心准备：让送礼更轻松

对许多人来说，送礼是一件苦差事，最不愿意看到却又常常发生的情况是，晚上就要去参加朋友的生日聚会，自己依然是两手空空，只能匆匆找间礼品店买份礼品凑数。要避免这种艰难而又尴尬的状况，平时就要多下功夫。

首先，列出送礼清单。把每年收到和送出的礼品详细记录。把要送的对象按类别、顺序登记在记事簿上，这样每年都可使用。名单上还应该记录下每个人的地址、姓名、生日和喜好，注意不要把去年的礼物或者对方赠送的礼物再送过去。①

其次，准备礼品意味着要了解送礼对象的嗜好以及其他特点，以便投其所

① 赵红霞，等. 礼尚往来[M]. 北京：中国纺织出版社，2001：53-55.

好，凭借与送礼对象的交往和熟悉程度选购适合的礼品。

创建自己的礼品库。在礼品库里保存一些应急的精美物品作为礼品，平常逛街、旅游时遇上就买，将其库存起来，以备日后之需。当闲逛乱逛时，碰到以下的精美物品可不能错过：文具用品或卡片，包装精美的巧克力糖，储备一些不同样式及尺寸的相框，礼盒式的沐浴、护肤用品适合送给女士及小孩，以及人们无法拒绝的醇厚美酒。

(2)注重搭配：使礼物更动人

“红花还需绿叶配”，许多礼品在单独赠送的时候可能会显得单调了一些，但如果搭配上合适的其他物件，可以达到 1＋1＞2 的效果，不仅能突出礼品的品位，也能让礼品更具特色，再上一个档次。

这里搭配的物件可分为两类，一类是在包装的基础上，搭配上可以使包装更加出彩、提升整体形象的物品。俗话说，人靠衣装，礼靠“靓装”。包装精美的礼物不但使人赏心悦目，增加礼品的价值，还能增强它的吸引力，使其变得与众不同。尤其在欧美国家和日本，礼品的包装更是受到重视。包装美能够留给人深刻的第一印象，引发受赠者的好奇心，而不轻视它的价值。譬如，在包装上系上漂亮的蝴蝶结或是装上一个小铃铛，配上胸针、发卡等，给礼物带来额外的趣味。另一类是根据礼物选择相得益彰的附属物。例如，送一瓶红酒搭配上精致的水晶杯，送男生领带再配上相称的领带夹等。在朋友过生日时，漂亮的生日蛋糕附上一束鲜花，显得更有心意；给小朋友的礼物，装上一些精致包装的小糖果，也会增加几分他们的喜悦；给新婚夫妇送上烹饪用具，如果附上烹饪书或是烹调用的手套，则使礼品更实用而贴心。

总之，一款恰到好处、搭配得当的附属礼品可以使礼品锦上添花，效果倍增，淋漓尽致地传递送礼人的意图和情意。

具体请见本章第 6 问“赠送礼品时是否需要包装”。

(3)写上留言：让礼物会说话

送礼最重要的是让对方明白你的用意，礼品本身不会说话，它能够传递的信息也是有限的。有时通过第三方送礼，收礼者会不清楚送礼者的姓名和目的，这个时候如果在送礼时附上留言卡或者贺卡，让卡片替你说话，就会让对方感受到情意。

留言卡或者贺卡，可以将你的心意通过语言的方式有形地保留下来，不仅在对方收到的那一刻，过后也会被对方经常拿出来欣赏。而在每次打开时，对方都会因为留言卡上记录的心意感受到幸福和温馨。

但是在选择贺卡时也要注意，选择与礼品相配的贺卡，比如教师节赠送给老师的贺卡、母亲节送给母亲的贺卡等节日贺卡，最好能够选择与节日相应的风格和图文。另外，留言卡或贺卡本身也是礼品的一部分，也要用心挑选卡纸，而不是随意写在普通的纸上。为在需要时能随时找到合适的贺卡，我们可以在平时就收集一些贺卡备用。

不管是多么精美、充满吸引力的礼品，如果有了随附的留言，都会增加对方喜悦的心情。所以，在送礼时请附上贺卡，将你的祝福和心意随礼品一起传递给对方，不仅能使礼品的价值倍增，更重要的是使受礼者体会到送礼者的“良苦用心”。

(4)挑选饱含深意的礼物

“千里送鹅毛，礼轻情意重”，礼品的价值不一定以值多少钱来衡量，而是通过礼品本身的意义来体现。有些礼物本身不一定豪华昂贵，但是意义深远，对受礼者而言非比寻常，十分珍贵。

我国的礼仪专家金正昆教授曾经在书中讲述了一个故事。一天，有一位朋友登门拜访，送了一份礼物。这份礼物让他看后爱不释手。原来，这位朋友收集了在国内外各大报纸上各种报道金正昆教学之事全套复印件送给他，虽然礼物本身并不贵，但让他感觉十分有心意，由此他与这位朋友的感情也更加亲厚了。由此可见，一份具备深意的好礼物饱含了赠礼者的深情，能够缩短人与人之间的距离。在国外，人们常常把来往的书信小心地收藏起来，认为这是自己最珍贵的礼物，之所以如此，就是因为其中记录着真切的情感。

一位大学生在长沙上学，而女朋友在杭州读书，两人正在异地恋。他在杭州最爱吃的是一家餐厅的菠萝油条虾。在他大二那年的生日，女友瞒着他从杭州坐了一整夜的火车，带了一盒菠萝油条虾和她亲手做的油焖笋尖赶去长沙。虽然他收到的时候菜已经冰凉了，但他仍觉得这是收到过的最好的礼物。

因为这份礼品中包含恋人的爱，所以最让人感动和珍视。生活中，最为人们珍视的礼品，往往不是价值连城的古玩珠宝等，而是日常生活中最平常的事物，但又承载了深情。价格并不等同于礼品的意义，价格高昂的礼品不见得就能表达送礼者的真情，而价格微薄的礼品也并不意味着不值得送，只要能传情达意的就是不可多得的好礼。

4. 常见的赠送方式及注意要点有哪些？

送礼是一门艺术，关键在一个“送”字。这是整个礼品馈赠过程中的最后一环，方法得当，送得好，则皆大欢喜。[①] 送得不好让人挡了回来，定是分外堵心。通过何种方式赠送何种礼品有着相应的讲究，下面就来一一介绍。一般而言，在不同情境下，有以下三种不同的赠送方式：亲自当面赠送、托人转达和邮寄赠送。

一是**当面赠送**，这是最庄重的一种方式。当面赠送，既可以充分表达赠送的用意，有时还可以介绍礼品的寓意演示礼品的用法，令馈赠礼仪得以淋漓尽致地发挥。

二是**委托他人转达**，如果赠送人身在外地，或者不宜当面赠送，就可以选择委托赠送。采用这种方式，必须有充分的理由。

三是**邮寄赠送**，这是异地馈赠的方式。由于身处异地，无法当面赠送，通过邮寄可以及时赠送。这种方式克服了地域的限制，也能掌握送礼的时间。

如果赠送礼品时，不得已采用了后两种方式，最好能附上手写的留言卡表达心意。现在通信工具很发达，赠礼人同样可以通过电话、短信等方式传达自己的心意，弥补无法面送的不足，也可确认礼品是否按时顺利地到达了对方手中。

与此同时，也要注意以下几点：

(1)把握馈赠时机。赠送礼品要讲究时机，时机适当，送得自然，收得妥帖。师生之间、同学朋友之间，每逢节日和有喜庆、纪念日子以及需要劝慰、鼓励之时，都是赠送礼品的良机。比如，在教师节给老师寄个贺卡，探病时送上鲜花等都是合适的选择。一般来说，生日礼和结婚礼应在当天亲手送去，而生孩子的贺礼则应考虑到母子的静养，最好在满月后去探望时送上。(此处的时机和 5W

---

① 中石. 速成求人兵法[M]. 北京：中国对外经济贸易出版社，1998：83-90.

里面的 When 有区别)

(2)确定送礼地点。赠送地点需要认真斟酌,选错地点,会影响馈赠效果。掌握好送礼的"5W"原则,应当在工作地点或交往地点赠送的礼物不应在私人场所赠送。

(3)掌握馈赠礼节。赠送时要遵守一些基本礼节,礼品一般要精心包装,尤其是送给外国人时,需格外重视礼品的包装。当面送上礼品时,则应亲自道明送礼原因和礼品寓意。动作落落大方,附带说一些尊重、礼貌的吉言敬语或慰问之词[①],而不能说"这是很贵重的东西"之类的话。国内外风俗不同,面对外宾时,也尽量不要说"微薄之礼""小小礼品"之类语言,否则显得失礼。赠送礼品如是当面进行,切忌悄悄放在一边就走,显得偷偷摸摸,邮寄或委托代交要附上礼笺,说明赠送缘由,并署上姓名。[②]

5.赠送他人礼品时,有哪些禁忌?

收到他人赠送的礼品是一件令人开心的事,但如果所赠之礼冒犯了他人的禁忌,会使得一份原本用于表达情意的礼品让人产生误会和不快,甚至引起纠纷或冲突。以下是一些常见的禁忌。

(1)习俗禁忌

在不同国家、不同的民族,乃至同一国家的不同地区之间,存在不同的宗教信仰和特有的风俗习惯,不同礼品也有着不同的象征意义。

在我国西双版纳、瑞丽等傣族地区,人们喜爱孔雀,并将它作为吉祥的象征。但在一些国家,孔雀是不祥之鸟,如委内瑞拉人认为孔雀会带来灾祸,所以见到孔雀就会感到不安,你若送人一个带有孔雀图案的礼物或孔雀扇子,对方肯定会不愉快。在日本人的观念中,狐狸象征着贪婪,而獾则意味着狡诈,这两种动物是不受欢迎的,要避免送与这两种动物相关的礼物。

(2)数字禁忌

在礼品的数量上,中国有句古话叫做"好事成双",因此送礼讲究成双成对,

---

① 张丽娟,肖红艳.公关与秘书礼仪[M].北京:清华大学出版社,北京交通大学出版社,2011:35-40.

② 孟祥武,杨建平.新编公共关系学[M].沈阳:东北大学出版社,2004:35-60.

好双忌单;尤其在大贺大喜之事上,礼金、“红包”、“喜钱”等一般是偶数。

有时,人们利用数字的谐音来表达寓意,比如数字“6”取汉字“禄”,意味着“六六大顺”,含吉祥之意;数字“8”与“发”读音相似,有财源滚滚之意,尤其是含8的车牌和电话号码备受欢迎。数字“4”则因在发音上与“死”相近,在亚洲国家,人们习惯将其作为预示了厄运的很不吉利的数字。有时,数字也被巧用,如“1314”象征一生一世,“101”象征百里挑一等。

一些数字本身有其内在含义。比如,数字“9”在我国自古象征着极高(九霄云外)、极广(囊括九州)、极大(九五至尊),又与“久”谐音,有“长长久久”的寓意,十分受人偏爱。在西方国家,人们谈“13”色变,源出《圣经》的典故,耶稣的十二门徒之一犹大背叛了他,参加最后的晚餐的是13个人。

(3)语言禁忌

在送礼语言上,中国人往往在送礼时会说“区区薄礼,不成敬意”“微薄之礼,请笑纳”之类的话,以表谦恭,而比较忌讳在对方面前夸张赞美自己的礼品,尤其在送礼时不应说出礼品的真正价格。送礼前切记要撕掉礼品的价格标签。但在西方人眼里,在送对方礼品时刻意贬低礼物的价值,反而是失礼的。在赠送时夸奖自己的礼品,说出自己在准备礼物时所花的心思,恰恰表现了对主人的重视和诚意。

除这些以外,受赠者个人也可能有忌讳的物品,这就要求我们在赠送他人礼品时,要充分了解、尊重他人,不送有碍民族习俗、宗教禁忌和个人禁忌的物品。

6.赠送礼品时是否需要包装?

人靠衣装,美靠靓装。礼品的包装是对礼品本身的美化,包装是形式,礼品是内容,二者统一起来才会产生和谐美。[①] 在送礼时,如果将礼品略加修饰,会让收礼者感受到送礼人的用心。

礼品外包装应根据礼品而设计,包装应突出礼品,而不能喧宾夺主,更不能“一流礼品,二流包装,三流效果”。礼品的包装可以遵循如下原则。

(1)凸显主题

礼品内容决定了包装的主题。如亲情赠礼可选温馨的色彩,突出朴实宁静

---

① 李少聪.良好的礼仪让你更受欢迎[M].西安:第四军医大学出版社,2009:20-30.

的亲切感;[①]爱情赠礼,包装可选用心形或玫瑰图案,可用丘比特之箭进行装饰点缀,显现浓浓情意。[②]

(2)展现艺术

精心加工的包装需要展现出一定的艺术性,注重包装纸、装饰带、装饰花等颜色的选择与风格的统一,并要注意与收礼者身份相匹配。

(3)注重材质

礼品包装目的是盛装礼品,因此应避免有污染、刺激性气味的包装材料,应选择耐高温、耐冷冻、防潮、隔味的材料。除了商场里可以购买的包装纸,也可以用有创意的布料、壁纸、手绢包礼物,避免用报纸随意包裹。如果需要长途运输或携带,礼品包装需要牢固、耐磨、耐压。包装的尺寸要便于携带。

(4)区分色彩

色彩会影响人的情绪,因此,包装纸颜色的搭配可按年龄和性别加以区别:[③]送给长辈应选择庄重大方的颜色,送给同辈或晚辈,应挑选较为明亮的色彩;送给男士应以冷色调为主,体现沉着冷静,送给女士可选择色彩亮丽或素雅的浅色,显示温馨舒畅,送给儿童应挑选色彩明快、活泼可爱的图案。

注意,在我国,红是吉色,而丧事送礼,包装要求清淡,以黑白为主。

7. 如何使用贺卡?

贺卡,是向人庆贺、道喜时使用的一种特别的卡片。在现代社会的交往中,小小的贺卡起着不可或缺的媒介作用。[④] 逢年过节,同学们可以写张贺卡送给老师、同学、亲友以表心意。除了单独送贺卡之外,也可以给礼品附上一张令人难以忘怀的卡片,起到锦上添花的效果。

在选购贺卡时,必须仔细阅读卡片上印的文字,考虑贺卡上的贺语是否与所要表达的心意一致。[⑤] 特别在一些印有中英两种文字的贺卡上,尤其要仔细

---

① 葛燕萍. 我国礼品包装浅淡[J]. 才智,2012(25):133.

② 她品文化. 我的心意礼品装[M]. 北京:中国纺织出版社,2007:57-60.

③ 黄玑蜂. 送礼百事通[M]. 北京:北大方正电子出版社,2014:42-45.

④ 郭文臣. 交际与公关礼仪[M]. 大连:大连理工大学出版社,1998:23-40.

⑤ 弗雷泽 P. 西泰尔. 公共有关系实务[M]. Fraser P. Seitel,梁洨洁,罗惟正,江林,译. 北京:机械工业出版社,2004:59-80.

了解贺语的含义，莫将情人卡当作生日卡，引起不必要的误会。

在赠送贺卡时，除了贺卡上印有的贺语外，一般都要亲笔书写贺卡祝词以表重视。常用的祝词如“身体健康，万事如意”等虽然能传递祝福，但千篇一律，不管是谁一概用之，就未免有些太死板。上佳的祝词应根据对方的特点，体现自己的用心。可以事先在别的纸上打草稿，注意不要写错字或漏字。祝词的书写应根据对方的特点。首先，要根据对方的身份、职业特点来选填祝词。比如在教师节，送给老师的贺卡可以书写“感恩师情”；送给刚入学的后辈，可祝“学业进步”；祝福毕业的同学“前程似锦”等。其次，考虑场合。如果参加婚礼，可选择红色的卡片祝福新人百年好合；如果是去医院探望病人，在赠送鲜花时附赠一张“早日康复”的卡片，表达自己的祝福。

除了在商场购买贺卡外，也可以亲自制作一张充满心意的卡片。如果是随着礼品赠送贺卡，要抱着贺卡也是礼品一部分的想法选择颜色、样式协调的贺卡。

最后，寄送贺卡时应小心将贺卡放入信封，切勿将贺卡弄脏或折皱，一张干净、整洁的贺卡才能真正传达情意和信息。如果单送贺卡，可以在信封上注明姓名和地址，方便他人回信。

8. 你了解花语吗？什么时候适宜送什么花？

鲜花是最常用、最受欢迎的礼品。长期以来，人们以花寄情，以花表意，鲜花被人们赋予了特定的含义。收到花是件很快乐的事，少有面对鲜花而无动于衷的人。下面介绍关于送花方面的礼仪。

通过送花正确表达自己对对方的情谊，首先要了解花的语言，即花语，它是流传下来的鲜花所包含的意义。

牡丹：雍容华贵；

荷花：淡泊、纯洁；

兰花：典雅、高洁；

月季：幸福、光荣；

竹子：正直、虚心；

梅花：高风亮节、独立；

黄菊:高洁、长寿、尊敬、哀悼;

白菊:哀悼、怀念;

桃花:美丽、烂漫、活力;

百合:百年好合;

康乃馨:慈祥、温馨、母亲之花;

勿忘我:友谊、思念;

红玫瑰:真实热烈的爱;

并蒂莲:永结同心;

剑兰:长寿、步步高升;

桂花:和平、友好、吉祥;

万年青:长寿、健康、友谊;

松柏:坚强、刚毅;

满天星:纯洁、思念;

水仙:优雅、骄傲。

在了解了花语之后,以下介绍在特定的一些场合,与主题相适应的花种。

(1)参加生日晚会,送诞生花最贴切,另外,玫瑰、雏菊、兰花亦可,表示永远祝福;

(2)探望病人,送剑兰、康乃馨、兰花均宜;

(3)乔迁新居,适合送稳重高贵的花木或适合室内摆放的观赏品种,如巴西木、剑兰、玫瑰、发财树、盆栽、盆景等,表示隆重之意;[①]

(4)丧事吊唁,用菊花、白玫瑰、白莲花或素花均可,象征惋惜怀念之意。

送花的注意事项:

(1)提前预订,避免花不新鲜。鲜花因为保质期短、难长期保存,所以赠送鲜花最好是提前与花店预订,从花店取花后马上赠送。特别是夏天气温高,花容易萎蔫,可以在花上多洒点水,以保持花的精神。在搬运过程中,轻拿轻放,避免花瓣叶片折损。

(2)给病人送花避免盆栽以及香味浓重的花。送盆栽,可能意味着"根留医

---

① 赵红霞,等.礼尚往来[M].北京:中国纺织出版社,2001:26-29.

院”，以免病人误会为久病成根；也不要送有花粉或香味浓重的花，像风信子、玫瑰、百合等都有颇浓的香味易引起咳嗽；颜色太浓艳的花，会刺激病人的神经，激发烦躁情绪；[①]像百合花，要小心剪除花蕊，以免花粉散落，引起病人过敏或其他不良反应；[②]山茶花容易落蕾，被认为不吉利；也要避免菊花，因为扫墓时多用菊花。

(3)给外宾送花时，要尊重他国风俗。如对德国、瑞士宾客的妻子或普通异性朋友，避免送红玫瑰，因为红玫瑰代表爱情，会使她们误会；在意大利、西班牙、德国、法国、比利时等国，菊花象征着悲哀和痛苦，绝不能作为礼物相送；[③]百合花在英国人和加拿大人眼中代表死亡，平时绝不能送。

9.出国交流时适宜赠送什么?

随着国际化程度越来越高，大学生都有机会出国交流，在出国时要赠送礼品，在表达自己的心意时如何不出错，可以注意以下两点。

(1)了解出访国的送礼喜好和禁忌

英国：喜欢巧克力、名酒和鲜花。但是，花费过多会被认为是贿赂。

法国：初次结识法国人就送礼是不恰当的，应等到下次相逢时再送。[④] 礼品应表达对法国人智慧的赞美，但不要显得过于亲密。应邀到法国人家中用餐，可以带上几支不加捆扎的鲜花，但菊花是不能随便送的，其只适于葬礼。

德国：赠送礼品的包装要尽善尽美。玫瑰是为情人准备，不能随便赠送。

美国：礼品讲究实用性，送礼在此次交往结束时为佳。

(2)赠送中国特色小礼物以不变应万变

送礼习俗会随着时代改变，再加上一个国家不同地区可能风俗不同，因此同学们不一定能准确把握出访地的送礼习俗。那么一种以不变应万变的方法是，大学生可以在自己的经济能力内，赠送具有中国特色、展现中华传统文化的小礼物，比如中国结、剪纸、丝巾等。这些小物件价格适中，便于携带，在赠送过程中不仅表达了自己的心意，也传播了中国传统文化。

---

① 许明炎，康乔.现代礼仪教程[M].北京：中国科学技术出版社，2006：101-120.

② 李缨，董萍.现代职业礼仪教程[M].广州：暨南大学出版社，2007：13-19.

③ 顾诚.商务礼仪大全[M].哈尔滨：哈尔滨出版社，2005：23-31.

④ 田玉来.国际商务谈判[M].北京：电子工业出版社，2008：45-46.

10. 如何得体地接受他人的礼品?

在接受他人的礼物之前,首先要注意对于过于贵重或者违反规定的礼物是不能接受的。除此之外,如果是对方诚心赠送的恰当礼品,那么最好的方式是大方而得体地将礼物收下。过程中切记不能表现出轻视的态度,或者出现不恰当的行为。对于下列五个细节要特别引起重视,牢记于心。

(1)注意力集中

当对方表达出要赠送礼品的意图时,应该马上放下手头的事情,集中自己的注意力,起立并面朝对方,表现出迎接礼物的姿态。当对方取出礼品并准备赠送时,不能心急地询问礼物的情况,盯着礼物不放,甚至直接伸手去拿。在保持注意力专注的同时,举止和神情都要稳重,不卑不亢。

(2)双手迎接

当对方将礼物递上时,切忌用一只手特别是左手去接礼物,那会显得极不尊重。得体的做法是用双手恭恭敬敬地迎接,与此同时,面部要保持微笑,和对方有眼神交流,以表示尊重。

(3)真诚的感谢

在肢体上迎接对方礼物的同时,也应该在话语上表达真诚的感谢,在适当的时候可以再通过握手、拥抱等方式进一步表达感激之情。这个过程中既不能强行推脱,推推让让,故意不接受礼物,也不能口是心非,口头上拒绝,却把礼物收了下来。

(4)当面拆封,表示赞赏

如果是礼品的包装启封比较麻烦,在公共场所人数众多,或者容易产生误会的场合,不宜当面拆封。反之,在礼品包装用心、时间充裕的情况下,国际社会普遍的做法是尽可能当面拆封礼品包装,以表达对对方的尊重,以及对礼品的重视。启封时要有序地拆解包装用品,不能撕扯乱拽,随意丢弃。

在礼品包装拆开之后,要揣摩对方的心意所在,通过恰当的方式表达对礼品亮点的赞赏之情。例如对于食品,可以亲自品尝并表示可口;对于鲜花,可以从色彩、香味等方面赞美,并放在醒目位置。切忌表达出礼品不符合自己的喜好的意思,或者挑剔礼品的缺点。

(5)要保持低调

赠送礼品属于一种私人交往,接受礼品后在外人面前保持低调,珍惜他人礼物,珍惜他人的心意,避免四处宣扬,否则有炫耀之嫌。特别是同学相赠,在别的同学面前大肆宣扬收到礼物,会让其他没有收到礼物的同学心生嫌隙。

11. 如何礼貌地拒绝他人的礼品?

出于种种原因,在不能接受他人赠送的礼品时,要讲究方式方法,处处依礼而行,要给对方留有退路,使其有台阶可下,切忌令人难堪。[①] 以下三种不同场合,有相应的较为得体的拒绝方法。

(1)公共场合当面收下事后退还

如果是在公共场合,为避免对方尴尬,勿当面拒绝。最好的方法是当面接受,在事后马上退还。注意最好在 24 小时内退还。另外,切勿将礼品私下拆封,尤其是不宜用过之后才去退还。

(2)正式场合委婉拒绝立场坚定

在较为正式的场合,最好采用委婉的方式拒绝,但是要立场坚定,不能给别人一种欲拒还迎的姿态。在拒绝的时候用委婉的、不失礼貌的语言,向赠送者暗示自己难以接受对方的好意。这样既可以保证对方理解你的心意,也不至于令人难堪。

(3)私人场合义正词严直截了当

在私人的场合,尤其是对方怀着一定的目的来赠送礼品时,一定要义正词严地拒绝,直截了当而又所言不虚地向赠送者说明自己难以接受礼品的原因。[②] 不要给对方留下一点余地,以免对方误会。

12. 接受他人礼品后,如何选择回礼?

“来而不往,非礼也。”在交往中互赠礼品是人之常情。要是在馈赠行为中,只收不送,意味着有来无往,不合乎礼仪。还礼,即是在接受他人礼品之后在适当的时间,以适当的方式,向对方回赠礼品。因此,在还礼过程中重点要注意还礼的时间与还礼的形式。

---

① 赵冬梅. 现代社交礼仪[M]. 北京:科学普及出版社,2009:83-90.

② 彭勃. 医学礼仪学[M]. 北京:中国医药科技出版社,2005:65-70.

还礼时间讲究“后会有期”。以下三个时机较为适合还礼：一是恰逢与对方馈赠自己礼品时相同的机会还礼；二是在对方及其家人的某一喜庆活动中还礼；三是在此后登门拜访之时还礼。

需要注意的是还礼并非“还债”，要讲究自觉自愿。[①] 通常来说，大学生还礼次数不必过多，完全没有必要再三地还礼，以致成为一种负担，还礼形式多种多样，简要介绍三种：

一是以对方赠送礼品的同类物品作为还礼。成语“投桃报李”，指的是对方送给我桃子，我以李子回赠对方。桃和李就是所说的“同类”。比如，收到对方赠送的亲笔字画，可以回赠书籍，且在书籍内页写上祝词。需要注意的是，还礼与赠礼在品种上最好不要完全相同。

二是以与对方相赠之物价格相似的物品作为还礼。作为大学生，经济条件有限，还礼与赠礼的价格相仿即可，即使在价格上较赠礼略低一些，也未尝不可。

三是以向对方表示尊重的方式来代替还礼。实际上，受礼以后，不必非要还礼。[②] 可代之以其他形式，例如，在收礼之后，在口头或书面上向对方致谢；或是再见到对方时，使用对方的赠礼，如接受长辈赠送的围巾，在看望长辈时戴上这块围巾以示喜欢，同样是回礼的一种方式。

【延伸阅读】

沈绣《普京总统肖像》

2013 年 3 月 22 日，在俄罗斯中国旅游年开幕前，两国元首互换国礼。随着红布拉开，习近平主席所赠国礼——国家级非物质文化遗产沈绣精品《普京总统肖像》（图 7-1）出现在眼前。“太传奇了，太美，太不可思议了！”俄总统普京端详着眼前的这幅作品，赞不绝口。他甚至解开西服，拿出自己的领带，笑着说，“正是我的这条领带”。

① 于向英，邝金丽. 现代礼仪教程[M]. 北京：中国科学技术出版社，2003：29-40.

② 徐东，唐斌. 礼仪规范教程[M]. 成都：电子科技大学出版社，2009：31-38.

图 7-1　沈绣《普京总统肖像》

八、社交是一种讲究

——交往中的礼仪

《孝经》有云:“礼者,敬而已矣。……所敬者寡,而悦者众,此之谓要道也。”泱泱中华,礼仪文化源远流长。《孝经》一句,简洁凝练地点出了“礼”的本质内涵——尊重。

不过具体到社会交往中,仅仅知道礼仪“尊重”的内涵是不够的。例如,你作为一次礼仪培训讲座的工作人员,在接待主讲老师时可能会说:“老师您好!我们的培训将在10分钟后开始,您可以稍事休息。请问您想喝点什么?”乍听起来,接待过程很有礼貌,似乎表达了对老师的尊重,但如果老师想要咖啡而现场却没有准备时,尴尬局面便会出现,这就有悖于“礼”的初衷了。

“尊重”的内涵,需要通过一定的方式恰到好处地表达出来,此即“礼仪”的“仪”。换言之,你尊重对方,就要表达出来,否则对方怎么知道你尊重他;如果表达的方式欠妥,则有可能引发尴尬。上述事例中,如果接待同学说:“老师您好!请问您想喝茶水,还是矿泉水?”那么,“咖啡”的尴尬便迎刃而解。总之,礼仪,既要有“礼”,又要有“仪”。

由于时代、地域、文化背景的差异,不同的人表达“尊重”的方式会有所不同,这便形成了不同的社交礼仪规范。基于此,我们才要学习礼仪,学习当今时代具有普遍性的社交礼仪规范。

马克思曾说“人是各种社会关系的总和”,用一句非常流行的话说——有人的地方,就有江湖。社会交往,纷繁复杂。大学生处在校园这一“小型社会”中,与同学、室友、老师、学校管理人员等的交往不可避免。为了营造和谐美好的校园文化氛围和个人学习生活环境,掌握必要的社交礼仪技巧至关重要。学习并运用社交礼仪,可以让我们在日常交往中少出洋相、不得罪人。总而言之,让同题最小化。

本章，我们便遵循着礼仪“尊重为本、善于表达、形式规范”的基本理念，带大家一起探讨大学生社交中的常见情景与礼仪规范。

1. 拜访老师时，进出门有哪些礼仪规范需要注意？

老师是大学生成长成才过程中必不可少的引路人，我们经常会去老师办公室咨询一些事情，因此有些拜访礼仪是需要我们注意的。

(1)有约在先。除非事情紧急，否则找老师咨询和办事最好提前电话或邮件约定，占用较长时间的拜访尤其需要。有约在先，既体现了个人教养，更是对老师的尊重，同时也可以避免自己跑“空趟”。

(2)衣着整洁。得体的着装既体现了个人教养，也体现了对他人的尊重。出入办公室等场所时，着装应当干净、整洁，过分轻佻、随便的服装是不宜选择的。例如，不要只穿背心甚至光膀子，不要穿拖鞋等。

(3)上门有礼。主要指我们去办公室时需要遵循的一些礼仪规范。

• 先行通报。到达老师办公室后，通报自己的到来，通常可以采用敲门的形式。敲门时，以食指轻叩两三下即可；若室内没有反应，过一会儿再做一次。即使与老师关系再好也绝对不要不打任何招呼便推门而入，否则有可能遭遇让人尴尬的场面，令自己进退两难。

• 施礼问候。见到老师后，应主动向老师问好，一般可以采用点头礼或鞠躬礼。如果是和老师第一次见面，则还要做自我介绍。

• 围绕主题，长话短说。任何一次去老师办公室都必然有其目的性，故自己的所作所为要围绕拜会老师的主旨而行，不要“跑题”。一般情况下，最好提前明确需要咨询的问题，或需要寻求的帮助，甚至可以提前列好清单，以免见到老师后东拉西扯、言不及义、没有重点。应直奔主题、长话短说，简明扼要地将自己的问题和困难表达清楚，提高谈话效率。

(4)适时告退。如果我们对见面时长已有约在先，则务必谨记于心，并认真遵守。如果事情并未完全解决，可以提出另外再约时间。在结束谈话离开之前，应主动和老师告别，并对其表示感谢。

2.与老师合影时,站在哪边可以体现出对老师的尊重?

与老师合影时,站在左边还是右边,是一个位次的问题。国内外都有位次讲究,不同的位次代表着不同的尊卑次序。

在国内政务场合排位次,无论单双数,均遵循“2号在1号左边,3号在1号右边,以此类推”的原则。因此,如果只和老师两个人合影,可以请老师站在我们的右边。这样的话,我们(2号)便在老师(1号)的左边了——符合国内政务场合的位次礼仪。

在实际生活中,很多人经常在位次礼仪中陷入混乱。在此,需要强调和解释以下几点。

(1)当事人视角。不清楚原则中“左边”和“右边”是站在什么视角来说的,是很多人经常在排位次的实践中陷入混乱的原因之一。“左、右”不同于“东、南、西、北”,会根据观察人员的视角变化而变化。例如,与老师合影时,站在我们自己的视角看,老师在我们右边;但站在拍照者的视角看,老师就在我们左边了。因此,需要明确的是,位次礼仪中所说的“左、右”均以当事人的视角为准。

(2)不同场合,位次礼仪有所区别。由于东西方文化的差异,国内与国外虽然都有位次讲究,但具体规则有所区别。所谓国内政务场合,主要是指国内政府、事业单位、国企等场合。由于我国高校实行党委领导下的校长负责制,属于事业单位,故位次礼仪一般参照国内政务场合的礼仪规范。

(3)“以左为尊”表述释疑。“以左为尊”可能是我们经常听到的位次表述。在我国古代的多数时期,宫廷院落坐北朝南,大都遵循“以左为尊”的原则。例如,在大多数朝代,“左丞相”要比“右丞相”地位高;又如,在重文轻武的朝代,朝堂之上一般文官居左、武将列右。但当排位次的人数为双数或人数在单双数间变动时,“以左为尊”的表述可能会引起歧义。为了简单明了,我们将目前国内政务场合通行的惯例表述为“2号在1号左边,3号在1号右边,以此类推”,不易混淆且便于记忆。

3.与老师同行时,走在什么方位,可以体现出对老师的尊重?

走在什么方位,又是一个位次的问题。因此,仍遵循“2号在1号左边,3号在1号右边,以此类推”的原则。换言之,应该请老师走在右边,我们(2号)走在老师(1号)的左边。当然,此原则只是一般情况下遵循的惯例,实际生活中还应具体情况具体分析。

比如,当老师不清楚行进路线时,即我们作为引导人员与老师同行时,可以适当走在老师的左前方大约一步距离的位置,以便在遇到岔路口时,可以提前通过手势进行引导提醒,避免老师因不清楚路线造成等待或因走错路而产生尴尬。

再比如,当与老师在楼道里同行时,如果楼道的右侧有许多房间门或有洗手间,而左侧是一面墙或房间门较少时,则可以请老师走在左边,把更舒适的行走环境留给老师,避免各房间或洗手间的进出人员给老师带来不便。

总之,尊重老师,就是把舒适的环境留给老师,而舒适的环境则需要视情况而定。

4.与老师一起乘坐出租车时,坐哪个座位比较好?

为了表达对老师的尊重,往往把相对安全、方便、舒适的座位安排给老师。下面,以我们生活中最常见的五座小轿车为例。

(1)安全原则。美国交通管理部门曾资助一个专家小组,对小轿车座位的安全问题进行调查研究。[①] 这个专家小组通过近10年的事故调查分析和实车检测后得出结论:如果将驾驶员座位的危险系数设定为100%作为参照标准,则副驾驶座位(4号)的危险系数是101%,驾驶员后排座位(2号)的危险系数是73.4%,后排另一侧座位(1号)的危险系数是74.2%,后排中间座位(3号)的危险系数是62.2%。[②] 因此,按照安全原则,对除司机座位之外的4个座位排序为:3号座位>[③]2号座位>1号座位>4号座位。

(2)便利原则。在道路方向上,我国规定右侧通行。汽车停靠在酒店、办公楼和路边时,往往停靠在道路右侧,且大多数出租车左后方的车门无法打开,因此从上下车的方便性而言,车辆右侧的座位上下车相对便利。此外,如果多人

---

① Probst A, Marko M, Kmetko L, et al. A Car's Middle Back Seat May Be Least Desirable, But It's The Safest[N]. Science Daily, 27 June, 2006.

② 王宏雁,陈君毅.中国儿童乘车安全[C].第十九届海峡两岸都市交通学术研讨会.贵阳:贵州省科协,2011.

③ “>”表示“优于”,下同。

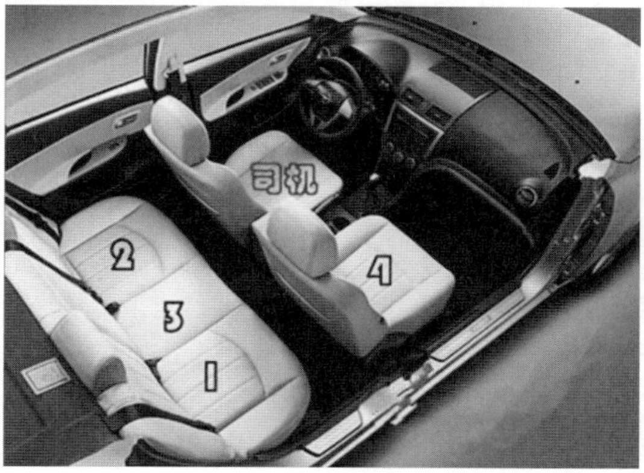

图 8-1　五座轿车座位

同时乘坐车辆，为了便于乘客之间的交流，后座的便利性优于前座。因此，按照便利原则，我们对除司机座位之外的 4 个座位排序为：1 号座位＞4 号座位＞2 号座位＞3 号座位。

(3)舒适原则。尽管不同类型的轿车会在乘坐的舒适性和内饰设计等方面有所侧重，但一般而言，后座的乘坐舒适性往往优于前座。此外，在多人乘车时，为了保证乘坐舒适，后排中间的座位(3 号)一般不安排乘客。因此，按照舒适原则，我们对除司机座位之外的 4 个座位排序为：1 号座位＞2 号座位＞4 号座位＞3 号座位(一般不安排乘客坐 3 号座位)。

综合以上三个原则，一般情况下座位的优先顺序为：1 号座位＞2 号座位＞4 号座位。因此，与老师一起乘坐出租车时，可以请老师坐在 1 号座位，我们坐在 2 号或 4 号座位。

当然，不要忘了尊重老师本人的意愿和选择。换言之，老师坐在哪里，哪里便是上座。即使老师没有按照我们说的优先顺序就座，也不要随意去纠正。

5. 当你搭乘老师的顺风车时，坐哪个座位比较好？

作为大学生，除了与老师一同乘坐出租车，有时还会搭乘老师的顺风车。如果驾驶车辆的是老师或长辈，座位的优先顺序应调整为 4 号座位＞1 号座位＞2 号座位＞3 号座位。

这样调整的主要原因在于以下几点：首先，当驾驶车辆的不是专职司机时，沟通便利原则便尤为重要；其次，如果此时还按照正式场合中的座次顺序，就有把老师或长辈当成专职司机之嫌，这是对老师或长辈的不尊重。

因此，若车上只有我们和老师两个人，我们应就座于副驾驶位（4号座位）；如果有其他老师也一同搭乘，则应请地位、身份更高的其他老师坐在副驾驶位置上，我们自己坐在后排；如果其他老师中途下车了，则可以依次“替补”上去，尽量不让副驾驶座位空着。

6. 与老师一起上下楼梯时，走在什么方位可以体现出对老师的尊重？

虽然同是“走在什么方位”的位次问题，但因楼梯的特殊性，上下楼梯和通常情况下的同行有所区别。一般而言，为体现对老师的尊重，我们需要注意以下几类情况：

当上下楼梯的人较少或楼梯较宽，我们和老师并排而行不会影响另一个方向的人员上下楼梯时，便可以并排而行。此时，尽量请老师走在有扶手或靠墙的一侧，自己走在靠近中间的一侧，将更为舒适的环境留给老师。

当上下楼梯的人较多且楼梯较窄时，通常靠右侧上下楼梯，并最好避免并排而行，以防上下楼梯的人员冲突。此外，还应注意请老师走在前面，我们自己走在后面。当然，如果我们作为引导人员与老师同行，且老师不清楚路线时，我们可以走在老师前面大概一个身位的位置。

此外，当与老师一起乘坐扶手电梯时，也应该靠右侧站立，避免并排而行，留出左边的过道供赶时间的人急行通过。

7. 与老师一起乘坐厢式电梯时，为体现对老师的尊重，应该先进电梯还是后进电梯？

与一起乘坐出租车相同，当与老师一起乘坐厢式电梯时，为了表达对老师的敬意，我们也要为老师提供相对安全、方便、舒适的环境体验。

首先，与地面或楼道相比，电梯是一个相对封闭、可能存在安全隐患的场所，所以应尽量让老师在电梯内的时间少一点。换句话说，当电梯门打开后，如果电梯内没有人，我们应主动先进入电梯，并按住“开”的按钮，再请老师进入电梯。当电梯到达指定楼层时，我们应按住“开”的按钮，请老师先出电梯，我们后出电梯。

其次,由于电梯内的空间有限,如果电梯里面已经有人,我们应请老师先进入电梯,以便让老师有足够的空间选择自己站在哪里更为方便舒适,然后自己再进入电梯。出电梯时,则还是请老师先出,我们后出。

最后,在电梯内也有一些需要注意的细节。比如,最后进入电梯,应该转过身来面朝电梯门站立,切忌面对面站立引起不必要的尴尬;再如,电梯里人很多,自己离楼层按钮较远,可以请靠近楼层按钮的人帮忙按一下楼层,而不要自己挤过去,以免给他人造成不便;此外,在电梯内,最好不要高声说话或嬉戏打闹,因为在相对封闭、狭小的空间内,这些言行会让人产生不舒适感。

8.社会交往中,人与人之间保持怎样的距离更加自然得体?

在生活中,人与人之间的和谐都建立在恰当的交往距离之上,而人与人之间的某些冲突往往也是从不恰当的距离开始的。因此,在交往时恰当地运用"距离语言",我们才能在相对拥挤的校园内找到合适的位置,在相对频繁的人际交往中科学地把握好距离。美国人类学教授霍尔博士将交往中的距离领域划分为四种类型:亲密距离、私人距离、社交距离和公共距离,每种距离都与对方的关系相称。[①]

(1)亲密距离:15~44 厘米,指两人的身体能很容易接触到的一种距离,甚至是"亲密无间"。这一距离多用于情人或夫妻间的谈情说爱,也用于父母与子女之间或者非常要好的朋友之间。这个距离是每个人都很敏感的领域,交往时要特别小心。倘若忽视了这一距离的敏感性,无意间与一个交往不深或不熟识的异性形成了"亲密距离",往往会被误解,闹出一些意想不到的不愉快。[②]

(2)私人距离:46~122 厘米,一般表现为伸手可以握到对方的手,但不容易接触到对方的身体。这是人际间隔上稍有分寸感的距离,直接的身体接触较少。通常朋友间的交谈多采用这个距离。在社交场合,某些人为了向对方表示特殊的亲近感,也会有意采用这样的距离。

(3)社交距离:1.2~3.7 米,范围规定比较灵活,近可相距两三步,远可相距五六步或更远些,体现了公事上或礼节上的一种较正式关系。例如在小型招待

---

① Hall E T. The Hidden Dimension[J]. Leonardo,1966,6(1):94.

② 狄登峰.学生应知心理知识家庭教育系列七[M].北京:学苑音像出版社,2004:23-25.

会上，与没有过多交往的认识者隔几步远打招呼或简单寒暄几句便离开。这一距离对双方没有过多的约束力，表示不想多作交谈。值得一提的是，社交距离中1米到2米之间通常也是人们在社会交往中处理私人事务的距离。例如在银行取款时要输入密码，为了保护客户的机密，银行要求其他客户必须站在“一米线”之外。

(4)公众距离：3.7～7.6米，指公共场合中演讲者与台下听众、教室里老师对学生、舞台上演员与观众的距离。

需要说明的是，人际交往的四种距离只是大致的划分。在不同的文化背景下，把握人际距离的准则会有所差异，但基本规律是相同的。熟人要比生人靠得近，性格外向的要比内向的人靠得近，女人之间比男人之间靠得近。同时，这四类距离在交往中往往会发生变化，即交往双方间距离会发生缩短或拉开。这种变化本身也是一种“语言”，而且是社交中最应注意的“语言”。我们应该学会从这种距离变化中窥见对方的心理变化，判断对方的真实意向，以便及时做出相应的反应：是进一步深谈，还是适时告辞。

对比校园外的人际关系，大学校园人际关系往往相对简单，因此许多大学生往往忽视对人际关系的培养与维护。在人际距离方面，我们应有意识地观察校园社交过程中自己和他人相处的空间距离是否恰当，同时还应注意交往对象对于距离变化的敏感度，以便取得良好的交往效果。

9.与人初次见面时，如何自我介绍才是得体大方的？

与人初次见面时，得体大方的自我介绍可以给人以良好的第一印象。不同的场景有着不同的方式。常用的自我介绍主要有以下几种。

(1)应酬式：在某些公共场合和一般性的社交场合，如旅行途中、宴会厅里、舞场之上、通电话时，都可以使用应酬式的自我介绍。其主要用于进行一般接触的交往对象之间，或是泛泛之交，或是彼此熟识，进行自我介绍主要只是为了确定身份或打招呼而已。所以，此种介绍要简洁精炼，一般只介绍姓名即可。例如：“您好，我叫张三。”

(2)工作式：主要适用于工作和公务交往之中，以工作为自我介绍的重点，因工作而交际，因工作而交友。工作式自我介绍有三要素：本人姓名、供职单位及部门、担负的职位或从事的具体工作,缺一不可,除非确信对方已经熟知。例如,面试介绍姓名时,应当一口报出,有姓无名,或有名无姓,都会显得有失礼节;供职的单位及其部门,最好也全部报出,但有时,个体的工作部门也可以暂不报出;担负职位的,最好报出具体职位,而职位较低或无职位的,则可以报出目前所从事的具体工作。

(3)交流式:在社交活动中,我们希望某个人认识自己,了解自己,并与自己建立联系时,就可以运用交流式的介绍方法,与心仪的对象进行初步的交流和进一步的沟通。交流式的自我介绍比较随意,可以包括介绍者的姓名、工作、籍贯、学历、兴趣以及与交往对象的某些熟人关系,可以不着痕迹地面面俱到,也可以故意有所隐瞒,造成某种神秘感,激发对方与你进行进一步沟通的兴趣。俗话说的“套瓷”就属于此类,而时下网络上的“浪漫邂逅”更是典型代表。

(4)礼仪式:在一些正规而隆重的场合,比如讲座、报告、演出、庆典、仪式等场合,要运用礼仪式的自我介绍,以示对介绍对象的友好和敬意。礼仪式的自我介绍,要包含自己的姓名、单位职务等内容,还要多加入一些适宜的谦辞敬语,以符合这些场合的特殊需要,营造谦和有礼的交际气氛。

在社交中,我们要根据具体情况采用不同的自我介绍方式,以实现既定的目的和效果。同时,还要注意掌握相应的语气、语速,以适应当时的情境,并且力求做到实事求是、真实可信,不过分谦虚、贬低自己,也不自吹自擂、夸大其词。这样,才能顺利完成交际中的第一关,为日后进一步交往打下良好的基础。

10.如果你要介绍两个陌生朋友相互认识,先介绍谁比较合适?

介绍的顺序已为国际所公认,颠倒或错乱顺序容易造成不愉快。介绍时要坚持“尊者有优先知情权”的原则,即介绍有先后顺序。在社交活动中,为他人作介绍的先后顺序大体上有六种。

(1)把男士介绍给女士,即把男士引见给女士而不是相反。这是“女士优先”精神的具体体现,也是最常见的一种方式。唯有在女士面对尊贵人物时,才允许有例外。

(2)把晚辈介绍给长辈,即优先考虑被介绍人双方的年龄差异,通常适用于同性之间。

(3)把客人介绍给主人,适用于来宾众多的场合,尤其是主人未必与客人个个相识的时候。当然,如果在正式场合,如会议现场,客人也未必认识主人时,则应将主人先介绍给客人,以便客人有优先知情权。

(4)把未婚者介绍给已婚者,仅仅适用于对被介绍人非常知根知底的前提之下。要是拿不准,还是不要冒昧行事。

(5)把职位低者介绍给职位高者,适用于比较正式的场合。

(6)把个人介绍给团体,当新加入团体的个人初次与该团体的其他成员见面时,负责人要是介绍他与众人一一相识太费时间,此时往往会采取这种方式来避免麻烦。若想认识每个成员,那么留待适当的时间相互作自我介绍即可。

以上几种方式,基本精神和共同特点是"尊者居后、先知",即把身份、地位较低的一方介绍给身份、地位较高的一方,以表示对尊者的尊重。由于不同场合应遵循的优先原则有所不同,因此具体优先介绍谁还需根据具体场合来定。比如,职场中一般优先按照职务高低介绍他人,社交场合则一般优先按照性别、年龄等原则介绍他人。

还有一些时候,需要把一个人逐一介绍给其他众多的在场者。此刻最好按照一定的次序,如顺时针方向或逆时针方向,自右至左或自左至右,依次进行。若没有地位非常尊贵的人在场,就不该破例。若挑三拣四地"跳跃式"进行,弄不好会伤人。

11. 与人初次见面时的握手,需要注意哪些事项?

握手,是人际交往的一个部分。握手的力量、姿势与时间的长短往往能够表达出不同礼遇与态度,显露自己的个性,给人留下不同的印象;也可通过握手了解对方的个性,从而赢得交际的主动。作为一种无声的动作语言,握手在许多国家已成为在相见、离别、恭喜或致谢时相互表示情谊、致意的一种礼节。交往双方往往是先打招呼,后握手致意。

关于握手的顺序,按照礼仪规范应当由地位尊者先伸手。具体而言:一般主人、长辈、上司、女士主动伸出手,客人、晚辈、下属、男士再相迎握手。值得一提的是,为了避免尴尬,如果对方忽略了握手礼的先后次序而已经伸了手,你都应不迟疑地回握。

握手时，距离受礼者约一步，上身稍向前倾，两足立正，伸出右手，四指并拢，拇指张开，向对方握手。掌心向下握住对方的手，显示着一个人强烈的支配欲，应尽量避免这种傲慢无礼的握手方式；相反，掌心向里同他人握手的方式则显示出谦卑与毕恭毕敬，如果伸出双手去捧接，则更是谦恭备至了。平等而自然的握手姿态是两手的手掌都处于垂直状态，这是最普通也最稳妥的握手方式（见图 8-2）。握手者双目注视对方，微笑、问候、致意，不要看第三者或显得心不在焉。握手的力度要掌握好，握得太轻了，对方会觉得你在敷衍他；太重了，人家不但没感到你的热情，反而会觉得你是个老粗。握手的时间以 3 秒左右为宜，不可一直握住别人的手不放。如果要表示自己的真诚和热烈，也可较长时间握手，并上下摇晃几下。

在社交场合，男士在握手前须先脱下手套、摘下帽子，若和女士握手时，不要满手掌相触，而是轻握女士手指部位即可（见图 8-3）。在职场，则遵循"职场无男女"的原则。

多人相见时，注意不要交叉握手，即当两人握手时，第三者不要把胳膊从上面架过去，急着和另外的人握手。

此外，手上有水或不干净时，应谢绝握手，同时必须解释并致歉。恰当地握手，可以向对方表现自己的真诚与自信，也是接受别人和赢得信任的契机。

图 8-2　同性之间握手

图 8-3　异性之间社交场合握手

12. 当你在教室自习或图书馆读书时，需要注意哪些事项？

大学教室和图书馆是人类智慧的宝库，也是学习和交流知识、获取信息的场所。一切尊重图书资料、尊重知识、尊重工作人员、尊重其他读者享受安静、严肃的学习环境和氛围的行为都应成为我们在图书馆遵循的礼仪规范。教室和图书馆是典型的公共场所，所有违背公共礼仪的行为我们都不提倡，而且应该杜绝：

(1)破坏安静、严肃的学习环境和氛围的行为

衣着不整，举止不文明。比较常见就是穿着背心、拖鞋进入图书馆，有的三三两两勾肩搭背，有的嘴里哼着小调或嬉笑追打、大声喧哗。

随意接电话，手机不静音。有些同学没有及时关闭手机或调为振动模式，以致一阵阵手机铃声不时打破阅览室的宁静。部分同学接起电话来没完没了，甚至煲起电话粥。

自带食物，污染空气。有些同学为图方便，把包子、煎饼等早餐带入图书馆食用。还有部分同学为图凉快，在图书馆脱鞋甚至脱袜子。

(2)破坏图书资料的行为

随意乱放图书。图书馆、报刊阅览室通常都为图书和报刊统一编号，每种都有固定的位置。但一些同学为了自己方便，一次就拿多种图书和报刊，看完后随意乱放，使得资料架上七零八落，也影响其他同学阅览。

开“天窗”损坏图书，随意涂画。个别同学为了自己的喜好或需要，不惜损坏图书馆藏书，将书刊中的精美图片或篇章裁割撕走。一些同学在图书馆里看书看得投入，将感想随意写在书本的空白处，或在自认为重要或精彩的地方画线画圈，还有的甚至将图书当成记事本，随手写上电话号码或备忘信息。

(3)浪费图书馆资源的行为

随意占座。一些学校的图书馆由于学习氛围好，吸引不少同学到那里去自习，因此每天都是座无虚席。少数同学却利用书本等物品“占领”座位，让一些后来者只能“望座兴叹”。

久借不还。很多同学借用完图书馆的图书资料后，往往不及时归还图书资料，降低了图书的借用效率，造成资源浪费。

作为知礼仪、懂礼貌、有修养的大学生，我们应该避免以上的行为。此外，还要注意尽量不要带病去图书馆，也不要在图书馆玩电脑游戏。如果感冒了，咳嗽着、流着鼻涕还去图书馆阅览室，不仅会破坏安静的氛围，还有可能把病毒带入馆内，传染给他人。而在图书馆玩电脑游戏的行为，不仅占用了图书馆的资源，还破坏了图书馆的学习氛围。

13. 当你作为观众参加集体活动时，需要注意哪些事项？

无论是学校的运动会、联欢会，还是社会上的体育赛事，我们作为观众前去参加时，都应遵守一定的礼仪规范，做文明的当代大学生。一般而言，可从活动开始前、活动过程中、活动结束时三个阶段来规范我们的行为，展现大学生的风采。

(1)活动开始前，应尽量提前或准时入场，如有安全检查应积极配合，并按指定的路线进入场内。入场时，要有秩序，注意礼让老、弱、病、残、孕，如有需要，可以将其引至座位。入场后，应将手机关闭或设置为振动状态，如有事可用短信交流，或当比赛告一段落时出场接打电话。

这里需要特别强调的一点是，所谓“提前或准时入场”是以活动主办方规定的入场时间为准，而非活动的正式开始时间。因为一般大型集体活动都会留出一定时间来入场和做开始前的准备工作。如果我们只是按照活动的正式开始时间入场，很有可能造成活动开始时现场仍然显得很混乱。

(2)活动过程中，最好不要吃东西，若要吃，则注意不要吃会产生较大噪声的零食，以免影响身边其他观众的情绪；也不可把果皮纸屑随地乱扔，退场时应主动将杂物带出场外。

(3)活动未结束，尽量不要提前退场；结束时，也不要争先恐后退场，应按座位顺序退场，向最近的出口缓行或顺着人流行进，切不可在出口处滞留。

14. 当你去医院探望生病同学时，需要注意哪些事项？

在生活中，亲朋好友难免都会患病，这时候前往探望、慰问是人之常情，也是一种礼节。在学校，当我们需要去医院探望生病同学时，通常需要注意以下几个方面。

(1)探望前的准备。去医院探望同学之前，应提前了解病人的病情，以避免探视时言语不慎而使探视效果适得其反；同时，还要了解医院的探病时间和病人的作息时间，尽量避开病人休息、用餐和治疗时间；提前电话联系，确认探访时间，以便对方有所准备；此外，还要准备便于携带的合适礼物。如果对方患的是传染病，请注意做好自身防病措施。

(2)言行举止要谨慎得当。探病时穿着要日常化，不可过于华丽；进病房时，脚步要轻，表情要从容，切忌大惊小怪，给病人增加压力；到病床前，可主动与病人握手；若有椅子，应尽快落座，与病人保持平视以避免居高临下的俯视，不要远远地站着、东张西望，让人怀疑你的诚意。探视时，要多安慰和鼓励，不要过多询问或说不吉利的话；探视时间不宜过长，一般不超过半小时。

(3)选择礼物要合适。例如，哮喘病等不宜送鲜花；需要住院较长时间的病人，可以送一些书籍杂志供其消遣；一般情况下，可以送病人适于食用的水果或营养品。

15. 当你想邀请同学好友一同聚餐时，需要注意哪些事项？

(1)聚餐的主题。所谓师出有名，邀请同学好友聚餐时，一定要告诉对方本次聚餐的主题是什么，即为了什么原因而进行聚餐。常见的聚餐主题，有职场上的同事进行的商务聚餐，同学间举办的生日聚餐，邀请师长参加的毕业谢师聚餐，或者好朋友之间用于联络感情的日常聚餐等。

(2)聚餐的形式。在餐桌礼仪中，不同的聚餐形式，有着不同的礼仪规范。因此，在邀请他人时，若聚餐形式已经确定，则应告知对方是分餐、混餐，还是自助，抑或家宴。当然，大多数情况下，如果明确了聚餐地点，便已暗含了聚餐形式，这时则可一并告知，不用特意强调。另外，关于付账形式是个人请客还是AA 制也可提前说明，以便对方提前准备。

(3)聚餐的时间、地点。让对方有协调个人事务与聚餐之间安排的准备，而且在一定程度上透露着聚餐的形式，令其对聚餐的情形有所预演从而更好地参加聚餐。另外，还可以简单介绍周围的环境、交通等状况，传达信息丰富、准确，也会让对方感到自己被尊重。

(4)聚餐的同伴。在邀请时明确还邀请了哪些人，以便对方选择是否应邀参加。此外，还要选择合适的邀约方式，如邀请函、邮件、电话、短信及社交平台留言等。建议根据对方的身份、双方的亲密关系选择合适的方式，并在聚餐前及时发送邀约信息。

16. 同学生日聚会，你应邀参加时，需要注意哪些事项？

除了邀请同学好友一起聚餐，我们也会收到同学关于聚会的邀请。例如，参加同学的生日聚会便是一项综合性日常社交行为，包含了邀请、赴约、馈赠礼物、聚餐等多个环节。具体到每个环节,可参看上文中对应问题的具体叙述,在此我们只对注意事项进行简要提醒。

(1)在收到生日聚会邀请时,应首先表示感谢。

(2)赴约时,要遵守时间,既不能太早,又不能迟到。到达聚会现场时,应主动向邀请人打招呼,以示自己到场,并对其他人微笑示意,可以与邻近的人相互交谈,但又要避免让自己成为全场的唯一焦点。

(3)馈赠生日礼物,一般在相见时,恭敬地用双手将礼物递交给寿星,同时说上几句表示问候、祝贺之类的话。选择礼物时,要考虑周全,投其所好,最好在选择礼物之前询问一同应邀参加聚会的同学打算送什么,互通想法,免生尴尬。当然,也可以联络一同应邀参加聚会的同学一起馈赠礼物。

(4)在你生日举行聚会时,要记得邀请对方,以体现礼尚往来的精髓。

17. 初次加入社团组织时,需要注意哪些事项?

五彩缤纷的社团活动丰富了我们大学时代的业余生活,为我们提供了展示自我能力与发挥创造力的舞台,也为我们寻得了一群志同道合的朋友。然而,当我们初次加入一个学生社团或组织时,过于羞涩可能让人感觉我们不愿与之交往,过于外向则让人感觉我们过于张扬。落落大方地参加社团第一次活动,对于在同学们心中第一印象的形成至关重要。

(1)初次参加社团活动时,由于大家相互之间并不认识,所以我们最好准备一个简单交流式的自我介绍。除了基本信息外,可以适当地提及籍贯、兴趣爱好、个性特征等信息,既可以加深印象,也为接下来的交流寻找更多的共同语言。

(2)当他人进行自我介绍时,除了认真地聆听和恰当的眼神交流外,也应有意识地记忆他人的信息,尤其是对方的姓名。因为即使我们对一个人很有兴趣,感觉彼此间很有共同语言,但如果我们没有记住对方的名字,那么第一句话如何开口便会非常困难。

(3)在初次活动见面时,最好要注意“关心有度”的原则,不要一见面就勾肩搭背地“套近乎”,太过热情反而可能让人受不了。

18. 邀请朋友来自己宿舍，需要注意哪些事项？

宿舍是大学生最主要的生活场所，目前多数高校都是集体宿舍，因此生活在一个宿舍的室友则是大学生最重要的伙伴之一。在宿舍的行为不同于在自己家，更不同于在自己的房间里。在邀请朋友到宿舍的这个问题上，有几点是需要特别注意的。

(1)邀请的朋友人数不宜过多，若数量太多，人声鼎沸，势必影响他人。

(2)邀请朋友来宿舍之前，应该提前向室友介绍朋友的情况，并征得室友同意。这样既是对室友的尊重，也可以为朋友来拜访创造好的氛围，以防朋友来宿舍后吃室友的闭门羹，避免不必要的麻烦。

(3)一般情况下不邀请异性朋友来宿舍，尤其是室友不在宿舍时。如果确有必要，则最好不要关闭宿舍房门，时间也不要过长，以免引起误会。不要邀请刚刚结识的人来宿舍做客，以免“大意失荆州”，造成不必要的麻烦或损失。

(4)朋友进门之后应主动介绍朋友和室友相互认识。如果是我们去朋友宿舍拜访，也应主动向其他同学打招呼，并且不能随处乱坐，不能乱用或翻动别人物品。讲话声要轻，拜访时间要短，以免影响其他同学的正常作息。

(5)要选择好拜访时间。不要选择在室友要处理生活问题的时候，更不要选择熄灯后的时间。不要留人住宿。

19. 老师来自己宿舍时，需要注意哪些事项？

除了同学来自己宿舍外，有时学校老师、班主任、辅导员也会来访宿舍。如果老师敲门进入宿舍后，同学们都还在自顾自地写作业、看小说、洗衣服甚至打游戏，是对老师极大的不尊重，更会让老师感觉我们没有修养。因此，当老师来宿舍时，我们应主动起立、问好、让座，以示对老师的尊重，更体现每个人的素质修养。

在老师表明来意后，应该主动、热情地与老师交谈，并协助老师完成相关的工作。当老师交谈完毕或完成相关工作告辞时，应以礼相送，说“再见”或“慢走”等，并目送老师离去。回到宿舍后，应轻轻关门。

20. 新生入学后，与室友相处，需要注意哪些事项？

室友是比班级同学更亲密一层的关系，大家不仅在同一个教室上课，还在一个宿舍生活，就如姐妹兄弟一般，相互之间更应该关心和照顾。另一方面，关心也应有限度，如果过分热心于室友的私事，也可能会导致室友认为我们侵犯他的个人权利。有意或无意地干预别人的私事，甚至可能会造成难堪的后果。

因此，新生入学后，在主动进行自我介绍、相互交流了解，之后长久的生活中，正确的做法应该是既相互关心与照顾，又不要干预别人私事。

相互关心与照顾，就是要站在室友的角度来思考问题，经常地换位思考，让室友感觉到我们的尊重，严于律己，宽以待人。具体来说，就是要自觉遵守宿舍生活秩序，比如按时起床、就餐，上下床动作要轻，拿东西声音要小，上铺翻身要轻，下铺要多给上铺同学方便，有事回来晚了应先说一声“对不起”，在宿舍内不大声喧哗、打闹、跳舞、踢球、打羽毛球，放录音机、收音机音量适宜，不要影响他人休息等。

21. 在教室上课时，需要注意哪些事项？

在教室上课，应该是大学生最常见的一项活动。尽管与中学相比，大学课堂相对自由，但作为当代大学生，仍需遵循一定的礼仪规范，方显个人素养，并使老师感觉自己的劳动成果得到了尊重。

与其他集体活动一样，我们应当准时到教室上课。若等到上课铃响且老师已经开始讲课后再进入教室，不仅是对老师的不尊重，也会影响同学们听课。如果遇到无法避免的事情而迟到，则应从后门轻轻进入教室，尽量不发出太大的声响，以防影响其他同学的听课质量。

上课过程中，我们应集中注意力，认真听老师讲解，并积极思考，最好可以和老师有眼神的互动。这样，老师得到的反馈越多，上起课来也会更加的有动力，讲解的质量也会更高。如果遇到老师提问或请同学发言，应积极举手，起立发言，声音洪亮，落落大方，彰显个人风采。

下课铃响后，我们应在老师示意下课后，再收拾个人物品准备离开。如果遇到有学校领导等在教室听课，则在离开教室时还应保持安静，以便为领导和老师的课后交流提供合适的环境。

22.在学校食堂用餐时，需要注意哪些事项？

“寝室、教室、食堂”三点一线，构成了大学生活的绝大部分时光。在食堂用餐时，如何言行举止才能体现出当代大学生的素养呢？我们同样可以分为用餐前、用餐中、用餐后三部分来讨论。

(1)用餐前，除了我们大多数人都能做到的自觉排队、不插队，还应有“一米线”意识，即当前面的同学选餐时，我们最好与其保持一定的距离，否则会让对方感觉到自己受到了侵犯。此外，当与同学一同排队时，还应注意前后成列站立，以免让后来的同学不清楚队伍在哪里，导致产生后来者“无意识”插队的情况。

(2)用餐中，除了前面提到的餐桌礼仪外，还应爱惜粮食，注重节俭，做到“量力而食”，根据自己的食量选餐。此外，和同学一起就餐时，我们还应注意聊天的音量。在公共场所，我们之间的聊天我们自己听到即可，没必要大声喧哗，以免影响旁边的同学。

(3)用餐后，我们要尊重食堂工作人员的劳动，将饭菜残渣放进餐盘，倒至指定的容器中；如果随意摆在桌子上，不仅会增大食堂工作人员的工作量，更会引起后来同学的不便，在就餐高峰期甚至可能因为我们随手将饭菜残渣留在桌子上，而造成食堂用餐人员的拥堵。如果是活动餐椅，还应注意将餐椅归位。

总之，礼仪以尊重为本，内心常存他人，方能体现我们当代大学生的素养和风采。

后 记

终于可以提笔写“后记”了，内心真的感慨万千。我们在校园里开展礼仪培训最早始于 2011 年，一晃已经 13 年了。在学校党委学工部大力支持下，我们在 2014 年成立了礼仪与形象管理中心，并在 2015 年指导成立了学生礼仪与形象管理协会。中心始终坚守着“德礼相济，博雅修身”的理念，每年通过讲座、工作坊、个性指导等形式在学校开展礼仪与形象管理培训工作。据不完全统计，10 余年来，中心累计举办及参与各类培训百余场，直接培训及间接影响学生超过 3 万人。我们不只是简单器学之用的技能培训，更是为人之本的道学传递。通过礼仪培训，我们希望每一位受训学员从爱自己出发，将人性中的真善美绽放出来。这个“真”是有温度、有气魄、有品行的真，这个“善”是有深度、有气度、有品质的善，这个“美”是有高度、有气质、有品位的美。“德智体美劳全面发展、具有全球竞争力的高素质创新人才和领导者”的学校人才培养目标中，“德”与“美”是两个重要的维度。我们在校园内外开展的礼仪与形象管理培训，正是践行人才培养目标中这两个维度的一个全新探索。尤其是目标中的“美”，我们认为它不只是音乐绘画技能的培养，更应该成为我们终其一生的追求。美是一种能力，美是一种尊重，美是一种境界。

正是这样的理念和做法得到了学员们一致的认可和好评，这给了我们很大的滋养和动力，激发中心老师们想要编一本属于我们中心的礼仪教材，可以在培训之外进一步为学生答疑解惑。现在，通过中心老师们的共同努力，在浙江大学出版社的倾情支持下，我们的这一愿望终于变成了现实。这本《大学生礼仪形象百问》是中心老师们集体智慧的结晶，具体分工如下：前言部分，前期由陈超、包松拟稿，后由张应杭撰稿。正文部分，前期由包松、卓亨逵、陈超、闫小龙、车淼洁、苏腾、潘临灵、韩永亮进行问题的搜集和初稿的撰写，由卓亨逵、苏腾负责汇编及联络事宜;后续由程思遥、梁思姝负责第一章的撰写和修订,由贾红蕾、车淼洁负责第二章的撰写和修订,由包松、车淼洁负责第三章的撰写和修订,由杜锦佩负责第四章的撰写和修订,由蒋闰婧、陈超负责第五章的撰写和修订,由闫小龙、卢思颖负责第六章的撰写和修订,由汤沁、罗悦负责第七章的撰写和修订,由苏腾、卓亨逵负责第八章的撰写和修订,由闫小龙、蒋闰婧负责汇编及联络事宜。后记部分由包松撰写;插图由苏腾、贾红蕾、王鸿阳担任模特,由姚旭晟负责拍摄。

这本书的编撰历时 8 年多,一路走来个中的艰辛不易,相信每一位参与编撰工作的老师和我一样深有体会。在这里,我满怀感激之情,衷心感谢参加编撰的每一位老师,感谢大家给予我全然的信任和无条件的支持,让我深深感受到你们的美好,感受到你们对礼仪培训工作的热爱,感受到你们对礼仪中心的珍惜。在这里,我还要特别感谢在礼仪与形象管理培训领域中的各位师长、同道,因为我们在本书编撰中大量地参考和借鉴了他们的研究成果,我们已尽可能地在本书脚注中一一列出。同样,还要特别感谢本书的责任编辑李海燕学姐,感谢海燕姐对我们的耐心和包容、鼓励和指导,让这本书能最终得以完成。

我本人作为本书的主编组织中心的老师们讨论写作提纲、分工编撰和拍摄插图,在撰写部分稿子之外承担统稿和改稿工作。虽然我们每一位都尽心尽责认真完成各自的编撰工作,也力求内容格式的统一有序,无奈由于我们学识和精力都有限,本书肯定有不当之处,只能留待今后进一步修正了。

在追求真善美的路上,永远没有终点。愿我们始终能选择真实的、善良的、美丽的,去迎接未知的日子。生命就是在真善美的修炼中绽放出最好的自己,也是在不断自我完善中才会遇到机遇。当我们提起精神好好地对待自己的生活的时候,才能在一路上发现生活更多的美和价值。收获好的自己,收获好的人生。最后套用一部影片的台词:爱你所爱,行你所行,但求真善美,无问西东。

包松

2024 年 1 月 18 日于浙江大学紫金港